新経済学シリーズNo.1

ヒミコの国の経済学

五藤榮一

22世紀アート

まえがき

　物はいくらでも作れるのに、工場・機械といった生産設備は過剰で、遊んでいる。売れない商品の在庫は、倉庫に山積みである。なのに、欲しいものを買う金がない国民は、欲求不満の状態におかれっぱなしである。そして、テレビ広告は同じセリフを繰り返し、広告の氾濫が人々の神経を逆立てている。

　企業に働く労働者は、いつ会社が不採算になり、首が切られはしないかと心配し、過剰供給の商品を売ることに必死になり、利益をもっと上げることを強要され、うつ病においやられている。職場のうつ病は、家庭での虐待や学校でのいじめへと広がり、若者の心をむしばんでいる。

　現在、私たちが落ち込んでいる、この矛盾に満ちた闇の元凶である長期的な不況、その発生の原因はどこにあるのか。

　供給力の過剰と消費需要の不足を意味する、不況という闇は、なぜ生まれるのか。好況は続かず、必ず不況に変わるのなぜか。その理由を、経済学者は、説明することができない。したがって、不況を克服する有効な経済政策の理論を、私たちは持ち合わせていないのだ。

　この課題に回答を与えることが、この新経済シリーズの目的である。その No.1 の本書　「ヒミコの国の経済学」は、資本主義経済の変動をつかさどるものは何か、なぜ経済は、不況になるのか、という問題の核心を追求する。「あ、そうか、これが問題の核心だ！」と気づいてもらうのが、本書の目的だ。

単純化したモデルによって考察すること、これが経済構造の解析にとって、もっとも必要なことだ。単純化したヒミコの国の経済構造を馬鹿にしないで、今までの経済学の常識にとらわれず、本書をお読みいただければ幸いである。

目　次

3

4

プロローグ

私は、経済学を学んでいる大学生である。卒業にあたり資本主義経済の構造についての論文を書かなければならなかったのだが、中心の主題が決まらなかった。何よりも、私には経済を現実に動かしているものが何であるか、経済の基本的な仕組みがどうなっているのか、大学の講義で教授が解説されるところに納得ができていなかった。

　私は、先祖の墓参りに田舎の家に行き、一人で墓地へ行った。そこで、わたしは、祖父の亡霊に出会った。祖父の語り掛けに、私の悩みを打ち明けると、祖父は経済の仕組みをみつける旅に出ようと、私を誘ってくれた。私は、祖父とともに仮の間の精霊となって旅に出ることにした。以下は、その経済の仕組みをみつける旅の旅行記である。いま、私は人間に戻ってこの旅行記を書いている。以下 G：は祖父の語りであり、S：は私のしゃべりである。

第1章　女王ヒミコの治世
——経済の均衡安定

　祖父と私は、海をみおろす突き出た山の、崖の上に立っていた。そこには何人かの人達がいた。ほとんど裸に近い原始人のような服装であったが、私が理解できる言葉でしゃべっているのが聞き取れた。「すばらしいカーブだねー。」という言葉にその人達を見ると、その一人が、ボールのようなものを海に向かって投げている。次の人が投げようとして持っているものを見ると、ボールと見えたものは、直径が8センチくらいの小さなお皿であった。その人は、親指と人差し指を丸く広げ、小皿をつかむように外縁を持ち、その皿を下向けに伏せた状態で、皿を回転させながら水平に腕をスイングさせ、前に投げ出している。小皿は回転しながら水平に、弧を描きながら海のほうへと進んで行き小さくなって下へ落ちていく。

S:「あの皿のようなものは何ですか。」
私は、祖父に尋ねた。

G:「あの皿の名は、＜かわらけ＞という、釉薬の塗られていない素焼きの皿だ。山の上から下を見渡せる日本の観光地には、このかわらけが10皿単位で売られている。観光客はその皿を買ってあのように投げて遊ぶんだ。なかなか思うようには飛ばないが、うまくいけば皿はゆるい水平のカーブを描きながら気持ちよく飛ぶ。

この王国では、あの皿投げはかわらけ投げとして、人々の信仰となっている。信仰でもあり、重要なリクリエーションでもあるといえるだろう。この島は年中暖かく、ここの住人は服などは要らないし、果物が年中豊富に育ち実っているので働かなくても食べ物には不自由しない。その上この島の山の中腹にはたくさんの洞穴があって、そこで寝ればいいのだから、住人は家を立てる必要もない。衣食住すべて保証されているから、この国の人たちは、衣食住のために働く必要はないんだ。」

S:「だから、かわらけ投げが生きがいになるわけですね。しかし、あのかわらけという皿は、どうやって作るんですか。」

G:「この国は、ヒミコという女王が支配している。このかわらけを作ることが許されるのは、女王から許された１０人のかわらけ作り親方だけなんだ。
一人の親方は一つの窯を持ち９人の職人を雇うことが許されている。そこへ行ってみよう。」

　私たちは、**かわらけ作りの窯**の傍に居た。そこでは、職人が働いている。彼らは粘土を手で捏ね、皿の形にして、前の板の上に並べて乾かす作業中だ。他の職人は、枯れた木を集めて来て窯の中に入れている。

G:「あの釜の中に、乾いた皿をいれて火をつける。一晩燃えたら出来上がりだ。１年に、１人の親方は自分も含めた10人の労働者の手で１年に1,000個の皿を作ることが許されている。」

S：「それは、決まっているのですか。」

G：「このかわらけ王国のヒミコ女王の支配力は絶対だ。10 人の親方が、1 年に 1,000 個のかわらけを作るという決まりは、女王が神から受けたお告げで、この国の人が守らなければならない掟なんだ。女王だけが、神のお告げを聞くことが出来る。」

S：「そうすると、**10 人の親方がいて、1 人の親方が 1,000 個の皿を作る**わけですから、**1 年に 1 万個のかわらけ**ができます。出来上がった 1 万個のかわらけを、親方たちは、みんなに配るんですか。」

G：「いや、親方たちは、1 万個のかわらけを、女王に献上するのだ。1 人の親方は、1,000 個のかわらけを献上したほうびとして、1,000 個の金粒を女王からいただくことになる。」

S：「言い換えれば、一人の親方は 1,000 個のかわらけを、女王に 1,000 粒の金粒を対価として売るということですね。金 1 粒を 1 円とすれば、1,000 円の売上ということになりますね。」

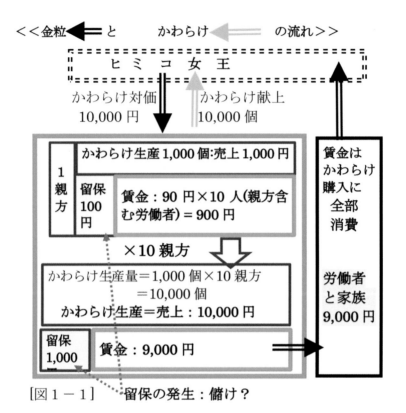

<<金粒 ← と かわらけ ← の流れ>>

ヒミコ女王

かわらけ対価　　かわらけ献上
10,000 円　　　10,000 個

かわらけ生産1,000 個:売上 1,000 円

1
親方

留保
100
円

賃金：90 円×10 人(親方含む労働者)＝900 円

×10 親方

かわらけ生産量＝1,000 個×10 親方
＝10,000 個
かわらけ生産＝売上：10,000 円

留保
1,000

賃金：9,000 円

賃金は
かわらけ
購入に
全部
消費

労働者
と家族
9,000 円

[図１−１]　留保の発生：儲け？

G：「この関係は、[図 1−1]のようになる。1,000 円の金粒を手にした、1 人のかわらけ作り親方は、この金粒を自分も含めて **10 人の労働者に 90 円ずつ年俸として支払**う。90 円×10 人の労働者＝900 円の賃金が 1 年間に支払われることになる。この賃金で労働者とその家族は、女王の神殿へ金粒で 1 円供えることで 1 個のかわらけをいただくことが出来る。」

Ｓ：「言い換えれば、国民は**金粒 1 円でかわらけ 1 個が買える**わけですね。」

Ｇ：「人々は、このかわらけを持って神聖な霊山に登り、その頂上から海へめがけてかわらけ投げをする。かわらけ投げは、神への捧げものとして行われる。かわらけをきれいに飛ばす回数が多いほど神への信仰が厚いということであり、死んだときに天国の高いクラスの場所へ行くことが出来る。賃金の金粒はすべてかわらけの購入に使われてしまうというわけだ。」

Ｓ：「ヒミコ女王の時代、国民は貯金を残さないということですね。」

Ｇ：「[図 1−1]　かわらけ作り親方の左端に、青色の四角のブロック 留保 がある。」

Ｓ：「**留保＝売上−賃金**、ということで、売上から賃金を引いた差額ですね。」

Ｇ：「1 人のかわらけ作り親方は 1,000 円の金粒を女王から、もらうわけで、これが売上となり、賃金を自分も含めて 10 人の労働者へ 90 円×10 人＝900 円支払った後、差額 100 円の留保が 1 年間に残る。」

Ｓ：「1 人の親方の留保は 100 円で、10 人のかわらけ作り親方の合計は年間 1,000 円になりました。**この留保は親方の儲けですか。**」

＜留保は親方の儲けなのか？＞

G：「いや、儲かっているようにみえるんだが、実は儲かってはいないんだ。ここで、親方の任免について述べなければなるまい。女王は 10 人の親方のうち 1 人を毎年辞めさせる。そして、新しい親方を 1 人毎年就任させるのだ。その新任親方の任命式へ行ってみよう。」

　　次の瞬間、祖父（:G）と私（:S）は、見えない精霊として、女王の館の広間の新任親方の任命式の場にいた。そこには、10人ほどの親方が集まってテーブルについていた。女王の前に 1人の男が立っている。女王は、その男に向かって語りかけた。

女王：「新年にあたり、あなたを今年の**新親方として**任命します。新親方としてあなたに、金 1,000 粒を貸し与えます。あなたは、**この 1,000 粒の金で、窯造り親方が造った窯を買いなさい**。そして、9 人の職人を雇用し、あなたを含めて 10 人の労働者で 1 年に1,000 個のかわらけを作り、できた都度、私のところへ持ってきなさい。その 1,000 個のかわらけの対価として私はあなたに 1,000 粒の金粒をあげましょう。1 人あたり金 90 粒ずつの賃金をあなたを含む 10 人の労働者へ支払い、全部で 1 年間に 900 粒の金粒を賃金として支払いなさい。賃金を払った残りの 100 粒は今日貸し与えた 1,000 粒の借金の返済として年末には返してもらいます。あなたは 10 年で 1,000 粒の借金全額を返すことができます。10 年であなたの窯は老朽化するので、そこで壊してしまい、あなたは引

退することになります。これらのことは、すべてこの国の掟です。」

　このように、新任親方の任命式は終わった。

Ｇ：「**かわらけ作り親方は、女王から、かわらけの対価としてもらった 1,000 粒の金粒のうち 900 粒の金粒を労働者に賃金として支払い、儲けかと思われた残りの留保 100 粒の金粒は借金の返済に充てている。**この 100 粒の金粒は、彼が親方になったときに買った窯の代金の 1,000 粒の金粒の支払い分の 1 年間の返済だ、言い換えれば窯の **1 年間の摩耗減耗分**だといえる。」

Ｓ：「[図 1－2] 借金の返済の図をみると、左下隅の留保 1,000 円から、3 本線矢印が斜め右下方向へ出て、ヒミコ女王（銀行係）に向かっています。」

Ｇ：「**儲けかと思われた残りの 100 粒の金粒の留保は、かわらけ作り親方の儲けではない**ということが、これでわかっただろう。」

Ｓ：「年末には、かわらけ作り親方は、100 円の借金を返して手許にお金は残りませんし、10 年たったら、窯は老朽化して取り壊してしまいます。かわらけ作り親方に儲けはないことがよくわかりました。」

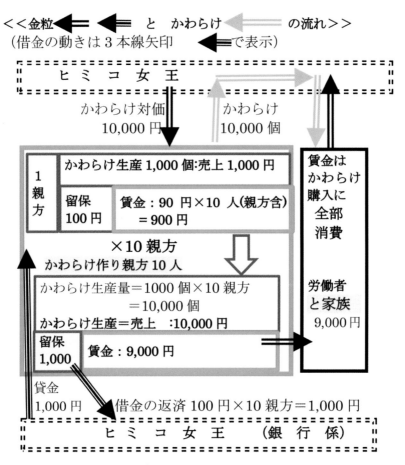

<<金粒 ⬅ ⬅ と かわらけ ⬅ の流れ>>
（借金の動きは３本線矢印 ⬅ で表示）

ヒ ミ コ 女 王

かわらけ対価
10,000 円

かわらけ
10,000 個

賃金は
かわらけ
購入に
全部
消費

1
親
方

かわらけ生産 1,000 個：売上 1,000 円

留保
100 円

賃金：90 円×10 人(親方含)
＝900 円

×10 親方
かわらけ作り親方 10 人

労働者
と家族
9,000 円

かわらけ生産量＝1000 個×10 親方
＝10,000 個
かわらけ生産＝売上 ：10,000 円

留保
1,000

賃金：9,000 円

貸金
1,000 円

借金の返済 100 円×10 親方＝1,000 円

ヒ ミ コ 女 王 （銀 行 係）

［図１－２］ 留保⇒借金の返済

14

＜窯造り親方の収支＞

　祖父は、女王の館の広間のテーブルに集まっている親方を指して、私に説明を始めた。

G：「よく見ろ。あの 10 人は、かわらけ作り親方だが、その隣のテーブルに座っているのは、窯造り親方だ。彼はこれまで 1 年間で、ここに出席している、あの新入りのかわらけ作り親方のために窯を 1 基造ったんだ」

　女王のお付の銀行係から、新入りのかわらけ作り親方へ、貸金 1,000 円が渡される。新任任命式が済むと、新親方は、窯造り親方のテーブルに近づいて、先ほど女王から貸し渡された金粒を、造ってもらった窯の対価として窯造り親方に渡した。

S：「女王から借りた 1,000 円の金粒を、窯造り親方に渡しましたから、新しい窯が新入りのかわらけ作り親方のものになりました。窯の引渡し式が終わったということですね」

　そして、次に窯造り親方はかわらけ作りの新親方から受け取った金粒を、女王のところへ持っていって渡した。

S：「面白いですね、お金が回っていきますね。どうして、窯造り親方は女王へ金粒を渡したんですか。」

G：「1 年前に、窯造り親方は女王から 1,000 粒の金を借りたから
それを返しているんだ。」

S：「窯造り親方はその借りた金で窯を造ったわけですね。借りた
というよりは、かわらけ作り新親方への売上代金の前受金を女王
に立替えてもらって受け取っていたのだともいえますね。」

G：「**窯造り親方は 9 人の職人を雇っている。自分も含めて 10 人
の労働者に、1 人あたり年 100 粒の金粒、全部で 1,000 粒の賃金
を払って 1 基の窯を造ったわけだ。**」

S：「かわらけ作りの労働者の賃金は 90 粒の金だったのに、窯造
りの労働者の賃金は 100 粒の金なのですね。そうすると、窯造り
親方は、売上が 1,000 円で賃金の支払いが 1,000 円で儲けは、な
しですか。」

G：「そうだ、このヒミコ女王の時代には、かわらけ作り親方に
も、**窯造り親方にも儲けはないんだ。**」

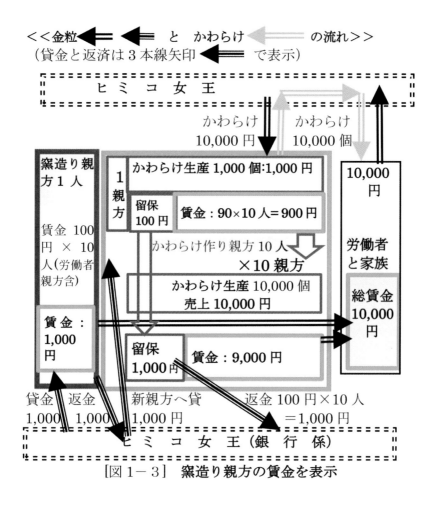

<<金粒 ← ← と かわらけ ← の流れ>>
（貸金と返済は３本線矢印 ← で表示）

ヒ ミ コ 女 王

かわらけ
10,000 円

かわらけ
10,000 個

10,000
円

窯造り親
方１人

１親方

かわらけ生産 1,000 個：1,000 円

留保
100 円

賃金：90×10 人＝900 円

賃金 100
円 × 10
人（労働者
親方含）

かわらけ作り親方 10 人
×10 親方

労働者
と家族

かわらけ生産 10,000 個
売上 10,000 円

賃金：
1,000
円

留保
1,000 円

賃金：9,000 円

総賃金
10,000
円

貸金 返金
1,000 1,000

新親方へ貸
1,000 円

返金 100 円×10 人
＝1,000 円

ヒ ミ コ 女 王 （銀 行 係）

［図１−３］ 窯造り親方の賃金を表示

　新任親方の任命と貸金引渡しの新任親方任命式、そして窯の引
渡し式は終わった。そして、窯造り親方は、女王に貸金を返した
後、自分の席に戻った。そうすると、こんどは女王が、窯造り親

方のテーブルに近づき、今返してもらった 1,000 円の金粒を、窯造り親方に渡しながら、語りはじめた。

　女王：「窯造り親方よ、来年ここで任命される新親方のために、あなたは、これから 1 年間で、1 台の窯をこの 1,000 粒の金粒で造ってください。来年、その造った窯の対価として、かわらけ作りの新親方から、受け取る金で、私に返しなさい、それまでこの金粒はあなたに貸します。」

S：「女王は、窯造り親方から返してもらった金を、もう一度、窯造り親方に貸すという儀式をするわけですね。」
G：「孫よ、これでこの国の経済のメカニズムがわかっただろう。**かわらけ作り親方は、借りた開業資金 1,000 粒の金の返済として、毎年 100 粒ずつの金を女王に返さなければならない。**親方の儲けと思われるものはすべて借金の返済にあてられ、借金が完済したとき、この親方は辞めるので、蓄えが残るわけではない。このように毎年 1 人の親方がうまれ 1 人の親方がやめるという循環がかたくなに守られている。常に、かわらけ作り親方は 10 人、そして窯造り親方が 1 人、全部で 11 人の親方がいることになる。」

＜金粒：資金の動き＞

S：「金粒というのは、貨幣ということになりますね。女王はその金粒を、どこから持ってくるんですか。」

G：「金粒は女王の秘密の洞穴に埋蔵されておる。」

S：「今日、女王は新任のかわらけ作り親方に 1,000 円貸しました、この 1 年で 100 円の返却があります、この返却は新任親方だけでなくて、他の 9 人のかわらけ作り親方からも同じように年 100 円の返却があるので、年に 100 円×10 人＝合計 1,000 円の返却が女王に対してあります。」

G：「窯造り親方に貸した金も、来年女王に返済される。」

S：「[図 1－3]の下部の左から 3 本目の上向きの 3 本線矢印は、[図 1－4]では、右に移動させ、[稼働窯対価]ブロックに向かう右端の上向きの矢印としました。」

G：「窯が売れて設備稼働となっていく移動が上端の赤の矢印で示されている。」

S：「その窯の対価は、右端の[稼働窯対価]ブロックの上部に上向きの矢印として追加され、窯 1 基 1,000 円の対価の金粒の矢印は、上端に書かれた左向きの矢印となり左端で[窯造り]のブロックに下向きに入ります。」

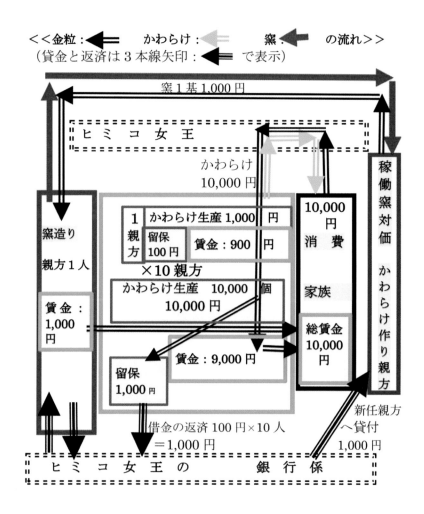

<<金粒： かわらけ： 窯 の流れ>>
（貸金と返済は3本線矢印： で表示）

窯1基1,000円

ヒミコ女王

かわらけ
10,000円

稼働窯対価 かわらけ作り親方

窯造り
親方1人

1親方｜かわらけ生産1,000円
留保100円｜賃金：900円
×10親方
かわらけ生産 10,000個
10,000円

10,000円消費
家族

賃金：1,000円

賃金：9,000円

総賃金10,000円

留保1,000円

新任親方へ貸付
借金の返済100円×10人＝1,000円 1,000円

ヒミコ女王の 銀行係

［図1－4］ 金粒＝資金の動きをすべて表示

S：「女王の金庫はもとの金額に戻りました。貨幣はきれいに循環
していますね。」

G：「そのとおり、女王の貸金の額は、何年たっても変わない
わけだ。」

＜賃金⇒消費の動き＞

S：「それでは、労働者へ支払う賃金の動きをみてみましょう。か
わらけ作りの労働者の数は 10 人×10 親方＝1,000 人、1 人の賃金
は年 90 円だから、賃金は 9,000 円になります。これとは別に、窯
造り親方が窯を作る労働者に払う賃金は 100 円×労働者 10 人＝
1,000 円になります。かわらけ作り親方の賃金と窯造り親方の賃金
をたすと 9,000 円＋1,000 円＝10,000 円の賃金が労働者にわたり、
[図 1－4]の右下の、[総賃金]の緑色のブロックになります。そ
こから上向きの矢印となり、かわらけをいただくときに、女王に
賃金をお供えとしてすべてわたしますから、全賃金が女王のもと
へ回収され、[ヒミコ女王]のブロックに入ることになります。」
G：「この回収された全賃金 10,000 円は、[ヒミコ女王]のブロッ
クの中を左に行き、すぐ左の [かわらけ生産]のブロックへ下り、
かわらけの対価として支払われています。」
G：「[かわらけ生産]のブロックの中に入った矢印の 10,000 円は、
2 つの矢印に分かれる。」
S：「左斜め下へと分かれて進む矢印は、留保 1,000 円となり、さ
らに下へ進み、[ヒミコ女王の銀行係] に借金の返済資金となって
支払われます。」

G：「[かわらけ生産] のブロックに入り、2つに分かれた矢印の
もう一方の真下に下がる矢印は賃金 9,000 円となり、さらに右へ
進んで、窯造り親方の労働者の賃金 1,000 円と合流して、[総賃金]
10,000 円となる。」

S：「これで賃金の流れはすべて矢印でつながりました。」

＜生産と分配(消費・留保) の関係＞

G：「[図1－4]は、赤・青・黒・紫の枠で囲まれた4つの四角い
大きなブロックからなっている。中央から左の部分の赤と青枠の
2つのブロックは、[生産の場] だ。この[生産の場]の赤と青枠のブ
ロックを、[分配の場]へ書き替えてみよう。」

設備財:窯 1,000 円	消費財：かわらけ　生産額 10,000 円	
生　　産　　の　　場		
分　　配　　の　　場		
留保 ＝ 返 済 1,000 円	賃金：10,000 円	
	窯 賃 金 1,000 円	かわらけ作り労働者の賃金 9,000 円

［図1－5］ 生産と分配

S：「窯は設備財、かわらけは消費財と表現し、横軸にその生産額
＝付加価値を表示した棒グラフが、［図1－5］ です。」

Ｇ：「上側は生産額、**下側はその生産額に対応する分配**だ。**賃金
へ分配される部分と留保＝返済へ分配される部分**とを表示してい
る。」

Ｓ：「［留保＝返済 1,000 円］と表示しましたが、返済は留保にな
るということですか？」

Ｇ：「借金しているから返済になるけれど、借金してなかったら
次の投資のための預金になる。窯の代金の返済だが、１０年で窯
は廃却してしまうのだから、窯の値打ちの１年間の減り分として
捉えられる。言い換えれば窯という設備財の、減耗分だとも言え
る。だからこの留保を**設備減耗留保**と名づけることが出来る。 １
人のかわらけ作り親方の１０年間の総計で考えると、この設備減
耗留保の累積金額は、新任親方が女王から借りて窯を買った金額
と等しくなっている。」

Ｓ：「さて、この生産の場に対応して、消費の場はどうつながって
いるのでしょうか。」

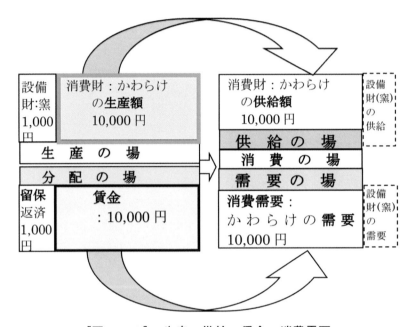

[図１－６]　生産⇒供給；賃金⇒消費需要

G：「図を展開するために、[図１－５]を縮めて左側に描き、そこから右側へ展開させた。」

S：「このかわらけの生産額 10,000 円を左の生産の場から右の消費の場に上から**回転移動**させると［図１－６］のように、**消費財（かわらけ）の供給額**となります。」

G：「さらに、賃金を左の生産の場から右の消費の場へ下から回**転移動**させると図のように**消費財（かわらけ)の需要額**となる。」

S：「[図１－６]の、右半分の消費の場をみると**消費財（かわらけ）**の供給額と**消費財（かわらけ)の需要額**が同額だと、わかります。」

G：「**消費財（かわらけ）**の生産額が上からきて消費財の供給となり、下からきた賃金が消費財の需要になって、バランスするわけだ。」

S：「[消費の場] の右側の破線で表示した部分は、上側が[設備財(窯)]、下側が [留保返済] が行くべき場所ということです。窯（：設備財）の生産額を上から回転移動させ右の[設備財供給]の場にもってきて、留保を下から回転させ右へもってきて、[設備財需要]としています。」

G：「すると、[投資の場]として、[図1－7] のように、設備財の供給が上、設備財需要(設備投資)が下となってバランスする。」

S：「左半分が生産の場、右半分が消費の場・投資の場で、上半分が生産　⇒　供給、下半分が分配（賃金・留保）　⇒　需要（消費需要・設備投資）へ、という関係ですね。消費財のかわらけも、設備財の窯も需要供給が等しいということになります。」

G：「**[図1－7]** は、すべてうまくいっているサイクルだ。需要と供給が等しいので、不況などとは縁がない、穏やかな関係が実現できている。」

S：「しかし、これから何を説明出来るのですか。」

G：「何でもないような図だが、この回転サイクルの図、**[図1－7]** こそ、経済のすべてを解明する基となる図だ。ヒミコ女王の場合は、**賃金に分配された額が消費財の供給額と等しく**なっているから、経済は均衡しているが、**そうならないような事情が生まれてくるので、不況が発生**するのだ。」

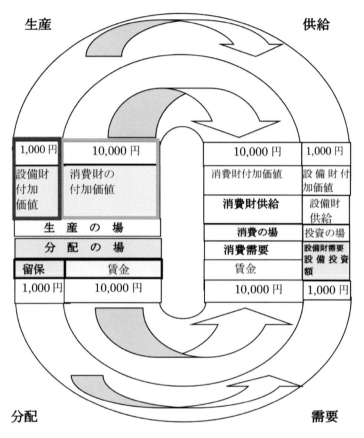

生産　　　　　　　　　　　　　　供給

1,000 円	10,000 円		10,000 円	1,000 円
設備財付加価値	消費財の付加価値		消費財付加価値	設備財付加価値
			消費財供給	設備財供給
生　産　の　場			**消費の場**	投資の場
分　配　の　場			**消費需要**	設備財需要 設備投資額
留保	賃金		賃金	
1,000 円	10,000 円		10,000 円	1,000 円

分配　　　　　　　　　　　　　　需要

[図1－7] 付加価値分配図：生産⇒供給、分配⇒需要

S：「しかし、この図は単純すぎませんか。生産の場では材料・原料から製品を作るのが普通ですが、いまの設定では、材料がないですね。」

＜材料生産：土堀親方がある場合＞

G：「単純であればあるほど、原理はよくわかるんだよ。しかし、
そういうのなら、**材料をいれた設定をし、比較してみよう。**」

設備財:窯 1,000 円	消費財：かわらけ　生産額 10,000 円		
生　　産　　の　　場			
分　　配　　の　　場			
留保 ＝ 返済 1,000 円	賃金：10,000 円		
	窯 賃金 1,000 円	かわらけ作り労働者の賃金 9,000 円	

［図１－５］材料費がない場合（再掲）

設備財： 窯 1,000	消費財：かわらけ　生産額 10,000 円		
総付加価値　11,000 円			
留　保 1,000 円	賃金：10,000 円		
	窯　賃金 1,000 円	かわらけ作り　賃金 7,200 円	材料費 1,800 円
留保 1,000 円	窯　賃金 1,000 円	かわらけ作り　賃金 7,200 円	土堀賃金 1,800 円
	賃金：10,000 円		
総付加価値　11,000 円			

［図１－８］　土堀親方がある場合

G：「かわらけ作り親方の作業を２つに分けて、**土掘りの部分を土掘親方が作業し、掘った土を使ってかわらけを作る部分を、かわらけ作り親方が作業する**、という設定で考えてみよう。」

S：「土掘り親方が加わるとどうなるのでしょう。」

G：「土代として、土堀親方に、各かわらけ作り親方が 180 円ずつ、10 親方で 1,800 円を支払う。土堀親方は自分を含めた 20 人の労働者に１人当り 90 円を払うと、賃金は 90×20＝1,800 円を支払うことになる。」

S：「それに対応して、かわらけ作り親方は、２人の労働者を減らして、賃金は 90×8＝720 円、10 親方で 7,200 円となります。」

G：「材料費 1,800 円を土堀親方に支払うとする。」

S：「かわらけ作り親方は、労働者の賃金 7,200 円、材料費 1,800 円支払うと、留保は変わらず 1,000 円になります。」

G：「かわらけ作り親方の付加価値は、10,000 円だったのが、8,200 円の付加価値になり、1,800 円が土堀親方の付加価値となるわけだ。」

S：「[図１−８]のように、賃金総量は変わらず、留保の総量も変わらないということになります。」

G：「[図１−８]は結局、その上に再掲した[図１−５]と同じということになる。材料部門を作っても総付加価値は変わらないし、消費財の生産額も変わらない、留保も変わらない。単純な構造にして、材料部門はつくらないで話を進めていこう。」

＜付加価値（＝付加価値生産額）とは＞

S：「ところで、付加価値という言葉を使ったので、それを説明しなければなりません。今まで減耗と表現したものを減価償却という表現に変えて説明します。

生産額　　＝　　純付加価値　＋　　減価償却額
　　　　　　　　　　　　　　　　＋　　原材料費（中間投入額）
純付加価値　＝　　生産額　－　　減価償却額
　　　　　　　　　　　　　　　－　　原材料費（中間投入額）
という式が定義されています。そして、
粗付加価値　＝　　純付加価値　＋　　減価償却額
　　　　　　　＝　　生産額　－　　原材料費（中間投入額）――①
であらわされます。一企業の**粗付加価値は**、その企業の生産高から、他の企業が生み出した粗付加価値（原材料の中間投入の額）を差し引いたものということになります。経済統計で使われる付加価値は、この粗付加価値のことです。」

G：「一国の経済でいうとどうなるね。」

S：「一国で考えると、国全体の各企業の①式の左辺と右辺とをそれぞれ累積した等式になります。一企業の原材料費（中間投入額）は、輸入分以外は他の企業の粗付加価値になりますから、各企業の①式の左辺と右辺とをそれぞれ累積をすると、輸入以外の原材料費（中間投入額）は、材料を提供する企業の粗付加価値と相殺されてゼロになり消えてしまいます。相殺されて残った生産額が、国全体の粗付加価値になりますから、一国の粗付加価値＝生産額－外国からの輸入材料費となります。国全体の生産高から、外国

から購入した材料費等を差し引いたものが、国全体の粗付加価値
になります。」

G：「さて今は、設定条件として、外国との輸出入はないとして
いるから、国内の付加価値総額は、国内の生産額と同じだ。国の
粗付加価値＝生産額、だね。」

S：「一国の閉鎖経済ならそうなりますね。」

G：「全世界を一つの経済単位として、総付加価値を考えても、
総粗付加価値＝総生産額になる。ここから、生産額は付加価値と
表示して話を進めよう。」

＜安定均衡：ヒミコ女王のまとめ＞

S：「この**安定均衡**したヒミコ女王の経済の状況を計数的に表す
経済指標はどうなるのでしょう。」

G：「　消費財生産割合＝消費財付加価値生産額÷総付加価値
　　　　労働分配率　　＝賃金÷総付加価値

と**定義**して、この消費財生産割合と労働分配率との関係をみてみ
よう。」

S：「[図１－５] を再掲します。」

総付加価値　11,000 円		
設備財：窯 1,000 円	消費財付加価値＝かわらけ生産額 10,000 円	：生産
生　産　の　場		

分　配　の　場		
留保：1,000 円	賃金：10,000 円	：分配

[図1－9]：[図1－5] 生産と分配　再掲

G：「ここで、

労働分配率　＝賃金÷総付加価値

　　　　　　＝　10,000／11,000

　　　　　　＝　10／11　≒　90.9％

となる。」

S：「消費財生産割合は、次のようになります。

消費財生産割合　＝　消費財付加価値生産額÷総付加価値

　　　　　　＝　10,000 ／11,000　＝　10／11

　　　　　　≒　90.9％　　　　　　　　　　　　　　」

G：「消費財の需要と供給がバランスしているということは、**消費財の生産額＝供給額が、賃金＝需要額と等しいということ**、式で示せば

消費財付加価値生産額＝賃金

ということだ。」

S：「この式の両辺を総付加価値で割ると、

消費財付加価値生産額 ÷総付加価値

= 賃金÷総付加価値

書き換えると

消費財生産割合＝労働分配率

ということになります。消費財の需要と供給がバランスしているということは、**労働分配率が消費財生産割合と等しい状況**だということになります。図にすると、[図１－１０]のようです。」

総付加価値　100%	
設備財生産割合　1／11	**消費財生産割合** 10／11　≒90.9%
生　産　の　場	
分　配　の　場	
投資分配率 1／11	**労働分配率** 10／11≒90.9%

[図１－１０]　消費財生産割合＝労働分配率

G：「まとめよう。」

＜＜経済の安定均衡原理＞＞
消費財付加価値 ＝ 賃金のとき、言い換えれば労働分配率と消費財生産割合が等しいとき、経済は完全に安定均衡する。しかし、成長はない。

――消費財付加価値 と 賃金とのバランスで経済の安定
は決まる。

S：「これが経済の安定均衡原理です。」
G：「ヒミコ女王の安定均衡した経済は、次の女王によって変
えられることになる。次の女王の時代に行こう。」

第2章　女王フミコの治世

第2−1節　設備投資額の増加

　私たち2人は、次の女王フミコの時代にきていた。女王ヒミコの時代は終わり、ヒミコのあとを継いだ女王フミコが、その時代を宣言する儀式を行なっていた。

　女王フミコ：「私は、このかわらけ王国の新女王として新しい時代を宣言する。ヒミコ女王の時代は、かわらけの生産量は、ずっと変わらず一定だった。需給は安定していたが、成長はなかった。私は、この国を成長させることにした。今までのかわらけの生産を増やして、皆が十分にかわらけ投げが出来るようにしようと思う。今までは新任かわらけ作り親方を、毎年1人任命していたが、これを来年から2名にする。1年後から、毎**年かわらけ作り親方は1人やめるが、2人増えてその結果、かわらけ作り親方は毎年1人ずつ増える**ことになる。いままで10人だったかわらけ作り親方は、11年後には20人になる。そのために今年から窯造り親方を2人にする。」

　S：「これは面白くなってきましたね。窯造り親方を増やすということは、**設備投資額を、安定均衡を変えて増加させるということです**。どういうことになるんですかね。」

G：「かわらけ作り親方は、いままでは毎年1人増え、1人やめていったから、人数は変わらなかった。これを、毎年2人増やすわけだが、やめる親方は10年前に任命された親方だから、1人ずつしかやめない。かわらけ作り親方は、毎年純増1人となる。窯造り親方を2人にすれば、その分の労働者の賃金が増えるわけだが、かわらけの生産よりも賃金がおおく増えることになって、バランスが崩れるはずだ。1年目にどうなったかをみてみよう。」

　私たちは女王フミコの1年目の世界にいた。
G：「[図1－3]で書いたヒミコの時代の関係は、どう変わるかを書いてみよう。」
S：「**女王フミコ**1年目には、かわらけ作り親方については前年と変わってはいませんが、窯造り親方は2人になっています。[図2－1]のようになります。」

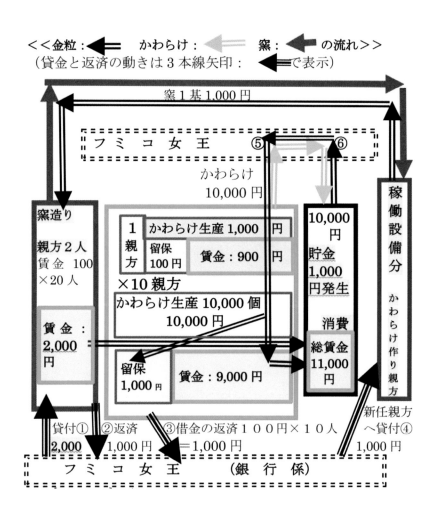

<<金粒： ◀ かわらけ： ◀ 窯： ◀ の流れ>>
（貸金と返済の動きは３本線矢印： ◀ で表示）

窯１基1,000円

フミコ女王 ⑤ ⑥

かわらけ
10,000円

窯造り
親方２人
賃金 100
×20人

１
親方

かわらけ生産1,000 円

留保
100円

賃金：900 円

×10親方

かわらけ生産 10,000 個
10,000円

賃金：
2,000
円

留保
1,000 円

賃金：9,000 円

10,000
円
貯金
1,000
円発生

消費

総賃金
11,000
円

稼働設備分 かわらけ作り親方

貸付① ②返済 ③借金の返済１００円×１０人 新任親方へ貸付④
2,000 1,000 円 ＝1,000 円 1,000 円

フ ミ コ 女 王 （銀 行 係）

[図２－１] 窯造り親方２人：フミコ女王１年目

36

G：「女王への資金の出入りを順番に並べてその差額を計算して
みよう。」

S：「返済で女王の手許に金粒が入ったら＋、貸付で金粒が出て
行ったら△をつけて並べてみましょう。

新任かわらけ作り親方への貸付	△1,000 円	④
窯造り親方２人への貸付	△2,000 円	①
窯造り親方からの返済	＋1,000 円	②
かわらけの買い上げ金	△10,000 円	⑥
かわらけの売却代	＋10,000 円	⑤
かわらけ作り親方からの返済	＋1,000 円	③
差引き貸付残（女王の**貸付過大**）	△1,000 円	

[表２－２] フミコ女王の資金収支

となります。」

G：「①と②の差額で女王の貸付過大となったのが原因で、女王
の貸付は、△1,000 円となった。」

S：「右から２つ目の[消費]の黒枠のブロックに**貯金が発生**してい
ます。」

G：「左側の２つの赤枠と青枠の[生産のブロック]を[図２－３]にし
た。」

37

総付加価値　12,000 円		
設 備 財 ： 窯 2,000 円	消費財付加価値 ＝かわらけ生産額 10,000 円	： 生産
生　産　の　場		

分　配　の　場		
留保： 1,000	賃金：11,000 円	： 分配

[図2－3]生産と分配

S：「この図を、前章と同じよう、下側から右に賃金の合計 11,000 円を［消費の場］へもっていき、上側から右にかわらけ生産額 1,000 円を[消費の場]へ持っていこうとしているのが、[図2－4］です。」

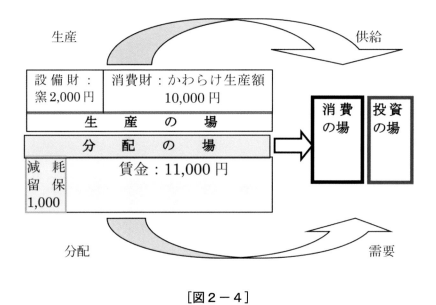

生産　　　　　　　　　　　　　　　　供給

設備財： 窯2,000円	消費財：かわらけ生産額 10,000円
生　産　の　場	

分　配　の　場	
減耗 留保 1,000	賃金：11,000円

消費
の場　投資
の場

分配　　　　　　　　　　　　　　　　需要

［図２－４］

第２－２節　消費財需給差と信用投資

S：「ヒミコ女王のときと同じように、この　［図２－４］の左部分
[生産の場] [分配の場]を右へ、 [消費の場] [投資の場]へ回転させた
結果が、[図２－５]のようになります。」
G：「消費財10,000円が上から右の[消費の場]の[消費財の供給]へ
行き、賃金11,000円が下から右の[消費の場]の[消費需要]へ行く。」
S：「賃金が消費財の供給よりも1,000円多いために、消費財供給
不足が発生していることがわかります。」

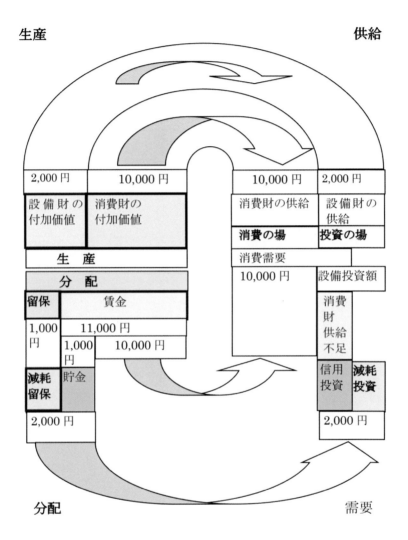

生産

供給

2,000 円	10,000 円
設備財の付加価値	消費財の付加価値

生　産

分　配

留保	賃金

1,000円	11,000 円	
	1,000円	10,000 円

減耗留保	貯金

2,000 円

10,000 円	2,000 円
消費財の供給	設備財の供給

消費の場	投資の場

消費需要

10,000 円	設備投資額

	消費財供給不足

信用投資	減耗投資

2,000 円

分配　　　　　　　　　　　　　　　需要

[図２－５]フミコ女王１年目（信用投資と消費財供給不足）

40

G：「設備財 2,000 円が上から右の[投資の場]の[設備財の供給]へ行き、[留保] 1,000 円が下から右の[投資の場]の[設備投資額]へ行く。ここでは、[留保] が[設備投資額]より 1,000 円不足している。」

S：「女王フミコが変革を宣言した最初の年なので、窯造り親方が２人になったことが、ヒミコ女王の時代から変った点で、かわらけ作り親方の数は１０人に変わりはありません。」

G：「しかし、[図２－５]からバランスが崩れているようすがよくわかる。」

S：「[消費の場]でわかる消費財供給不足は、消費需要過大と表現をかえることもできます。」

G：「消費財が不足しているために買えないから賃金が余り、労働者の手許に貯金が出来ている。」

S：「ヒミコ女王の時代と違っていることは、【表２－２】でみた 1,000 円の貸付過大が女王の側に発生していることです。この貸付過大と労働者の貯金は対応しています。」

G：「この貸付過大と労働者の貯金は同額だ。」

＜信用投資の発生＞

S：「[投資の場]で、設備財の供給と減耗留保(＝減耗投資)との間に差が出来ており、この [投資の場]での上下の差として、信用投資と名付けたものが生じています。」

G：「なぜこの差が生まれたんだろう。」

41

Ｓ：「女王が現有している資金だけでは、設備財を供給する金額に足りなくなったからです。女王の資金不足は、**［表２－２］フミコ女王の資金収支**、ですでにみたところです。」

Ｇ：「しかし、いままで資金は巡り巡ってどこにも過不足は生じなかった。なぜ、不足が生まれたのだろうか。」

Ｓ：「労働者の手許に、消費財を購入できなかった賃金が、貯金として余っているからです。」

Ｇ：「そうだね。女王のところに回収した資金が、設備財の供給分を購入するだけの金額に足りなくなったのは、労働者の手許に溜まった金粒が原因だ。その分女王の手許資金が不足したわけだ。女王の銀行係は、別途金粒を用意して、２人の新親方の窯を造るために、２人に増えた窯造り親方に貸さなければならなくなった。」

Ｓ：「別途に資金をつくろうとすると、［図２－５］の右下のピンクのブロック**［信用投資］がうまれる**、というわけですか。」

Ｇ：「信用投資とは、手許にある資金以上の投資ということだ。この投資は、女王フミコが、親方の留保分からの返済と、かわらけの対価として労働者から得た資金以外に、女王の金庫から新しい金粒を持ち出してきた分だ。親方から返ってくると信用して新規に追加として貸し付けるという意味で信用投資と名づけた。」

Ｓ：「ヒミコの時代でも、女王が貸した資金は、信用投資じゃないですか。」

Ｇ：「そうなのだけれども、同額が返済されていたから、信用投資の増減はなかった。ところが、新女王フミコの時代には、収支差額が生まれたために、その増額分を信用投資として認識したわ

けだ。ここで投資と名づけたのは、設備財を購入する資金という意味だ。**設備投資するということは、設備財の購入をする、と言う意味になる。**」

Ｓ：「その[信用投資] が、[**表２－２**]の[貸付過大]になるわけですね。」

Ｇ：「そのとおりだ。そして、**同額の留保の貯金が労働者の手許にある**ということになる。今までの全額還流スタイルの均衡が破れたわけだ。指標を調べてみよう。」

第２－３節　労働分配率の原理

Ｓ：「指標をみると

　労働分配率　＝　賃金　÷　総付加価値 ──── ①
　　　＝11,000 ／　12,000 ＝　11／12　　≒　91.7%

投資が増えると、労働分配率は、10／11 から 11／12 へ上がりました。一方

　消費財生産割合　＝　消費財付加価値　÷　総付加価値─ ②
　　　＝10,000 ／12,000　＝10／12　　　≒　83.3%

となります。**投資を増やす、つまり設備財の生産を増やすと、消費財生産割合は、10／11 から 10／12 へ下がりました。**[図２－6]のようになります。」

43

総付加価値　100%		
設備財生産割合2／12	消費財生産割合　10／12≒83.3%	
生　　産		
分　　配		
投資分配率1／12	労働分配率 11／12≒91.7％	

[図２－６] フミコ女王１年目　労働分配率と消費財生産割合

G：「**労働分配率が、消費財生産割合よりも大きくなったから、供給不足になった**ということだ。式で説明しよう。」

S：「労働分配率　＝　賃金　÷　総付加価値 ——— ①

　　消費財生産割合＝　消費財付加価値　÷　総付加価値— ②

①　②式は、再掲式です。投資を増やすと、

　　労働分配率(≒91.7％)　＞　消費財生産割合(≒83.3％)

となり、置き換えると

　　賃金÷総付加価値　＞　消費財付加価値÷総付加価値—③

のようになったわけです。この③式の両辺に、総付加価値をかけると

　　　　　賃金　＞　消費財付加価値————— ④

③式が成り立つ時、④式が成り立ち、賃金＝需要が、消費財資産額＝供給より大きくなります。フミコ１年目は

　　消費財需給差＝　賃金－消費財付加価値

　　　　　＝　11,000 — 10,000 ＝　1,000

となります。供給不足になり買いたいけれど買えない人がいる、つまり作りさえすれば売れるわけです。**好況傾向**と呼べる状況です。」

Ｇ：「その年の１年間の**消費財需給差がゼロより大きいことを、好況傾向、マイナスのときを不況傾向と定義しよう。**」

Ｓ：「労働分配率 ＞ 消費財生産割合 ならば 消費財需給差はプラス、供給不足になり好況傾向がうまれる、という原理が生まれます。しかし、供給不足には、インフレがおこる可能性があります。」

Ｇ：「この国では女王が経済を支配している統制経済だから、消費財の値段は変わらない。品不足になっても、商品の値段は変わらないから、インフレはおきない。古典的資本主義の経済では、需要が供給を上回れば、インフレになるかも知れないが、その時はインフレによって需要が目減りし、需給均衡へと向かうことになる。それは後の話題にして、ここまでをまとめよう。

消費財需給差＝消費需要－消費財付加価値＞０ ─── ⑥
 であれば好況傾向となり、消費財需給差＜０ であれば
 不況傾向になる。

この原理を女王の時代の経済の基本原理と名づけよう。」

Ｓ：「労働分配率＝賃金÷総付加価値

消費財生産割合＝消費財付加価値÷総付加価値
という定義式を使えば、別の表現になります。」

Ｇ：「⑥式の両辺を総付加価値で割れば、

労働分配率－消費財生産割合＞0
　この式が成り立てば　消費財は需要過大になり
　好況傾向がうまれる、逆ならば　不況傾向になる。

　これが、女王の時代の労働分配率の原理ということになる。」

＜フミコ女王 12 年間の推移＞

S：「それでは、次の年から１２年間をみることにします。」
G：「[図２－５]でフミコ女王１年目をすでにみたので、２年目を
みよう。」

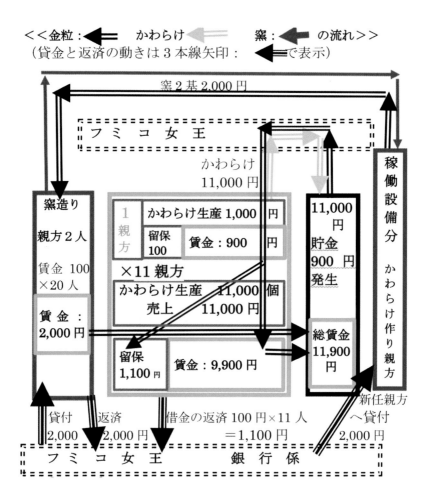

<<金粒：⬅ かわらけ⬅ 窯：⬅ の流れ>>
（貸金と返済の動きは３本線矢印：⬅で表示）

窯２基2,000円

フミコ女王

かわらけ
11,000円

稼働設備分
かわらけ作り親方

窯造り
親方２人
賃金 100
×20人
賃金：
2,000円

| 1 親方 | かわらけ生産1,000 | 円 |
| | 留保 100 | 賃金：900 | 円 |

×11親方
かわらけ生産 11,000個
売上 11,000円

留保
1,100円
賃金：9,900円

11,000
円
貯金
900 円
発生

総賃金
11,900
円

貸付
2,000円
返済
2,000円
借金の返済100円×11人
＝1,100円
新任親方
へ貸付
2,000円

フミコ女王 銀行係

［図２－７］ かわらけ作り親方１１人：フミコ女王２年目

S：「女王フミコの治世に変わって２年目なので、１年目ででき
た窯２つが稼働し、１つの窯が除却されたので、かわらけ作り親
方の数は１人増えて１１人に変わっています。」

47

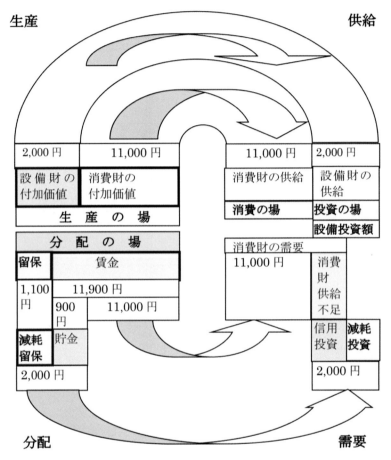

生産　　　　　　　　　　　　　　供給

2,000 円	11,000 円		11,000 円	2,000 円
設 備 財 の付加価値	消費財の付加価値		消費財の供給	設備財の供給
生 産 の 場			消費の場	投資の場
				設備投資額

分 配 の 場			消費財の需要	
留保	賃金		11,000 円	消費財供給不足
1,100円	11,900 円			
	900円	11,000 円		
減耗留保	貯金		信用投資	減耗投資
2,000 円			2,000 円	

分配　　　　　　　　　　　　　　需要

［図２－８］フミコ女王２年目（信用投資と消費財供給不足）

S：「［図２－８］から、指標をみてみると２年目には

労働分配率　＝　賃金　÷　総付加価値

　　　　　＝　11,900　／　13,000　　　　＝　91.5%

消費財生産割合＝　消費財付加価値　÷　総付加価値
　　　　　　　＝　11,000 ／ 13,000　　＝　84.6%

労働分配率－消費財生産割合＝91.5%－84.6%
　　　　　　　　　　　　　＝6.9%　＞　0

となり、労働分配率の原理で定義された好況傾向が続くということになります。」

G：「それでは、フミコ女王のこれから後 12 年間、この好況傾向はどのように変化するのだろうか。指標の変化を表にしてみよう。」

S：「［表2-9①、②］を見てください。フミコ１１年目には、消費財付加価値＝消費財付加価値は、10,000 円から 20,000 円と２倍に成長しました。窯生産を加えた総付加価値も２倍になっています。」

G：「しかし、11 年目以降、労働分配率が消費財生産割合と等しくなってしまい、好況傾向は 11 年目で終わってしまった。」

	ヒミコの時代	フミコの時代					
		1年目	2年目	3年目		11年目	12年目
かわらけ親方増加	1	1	2	2		2	2
かわらけ親方減少	1	1	1	1		1	2
かわらけ親方数	10	10	11	12		20	20
窯造り親方数	1	2	2	2		2	2
労働者数	110	120	130	140		220	220
賃金	10,000	11,000	11,900	12,800		20,000	20,000
総付加価値	11,000	12,000	13,000	14,000		22,000	22,000

［表2－9①］　フミコ女王時代の推移

	ヒミコの時代	フミコの時代					
		1年目	2年目	3年目		11年目	12年目
労働分配率	90.9%	91.7%	91.5%	91.4%		90.9%	90.9%
消費財付加価値	10,000	10,000	11,000	12,000		20,000	20,000
消費財生産割合	90.9%	83.3%	84.6%	85.7%		90.9%	90.9%
投資額	1,000	2,000	2,000	2,000		2,000	2,000
留保＝返済	1,000	1,000	1,100	1,200		2,000	2,000
需給差（貯金増）	0	1,000	900	800		0	0
需給比	1.000	1.100	1.082	1.067		1.000	1.000
女王貸付差額：信用投資	0	1,000	900	800		0	0

［表2－9②］　フミコ女王時代の推移

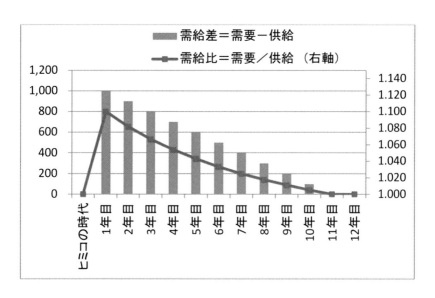

[図2−10]フミコ女王時代の需給差推移

S：「[表2−9①、②]から、フミコ女王時代の、**需給差（＝賃金
−消費財付加価値）**と　需給比（＝賃金÷消費財付加価値）の推
移のグラフをつくると、[図2−10]が出来ました。」

G：「1年目で発生した消費財需給差が、11年目、12年目でゼロ
になる様子が描かれている。」

S：「フミコの時代の12年間の推移をみると、2年目に需給差
（＝賃金−消費財付加価値）は、900ですが、以後毎年差が縮ん
で3年目には、需給差は800になり、11年目にはヒミコの治世
と同じ状況、需給差＝信用投資＝0、労働分配率＝消費財生産割
合＝90.9％、ヒミコ女王の時代の数値に戻りました。」

G：「せっかく、窯造り親方を 2 人に増やし、設備財の生産＝設備投資を増やしたのに、11 年たったら総付加価値も増加しなくなり、消費財需給差もなくなって、元に戻ってしまった。」

第２－４節　消費財生産割合の変化

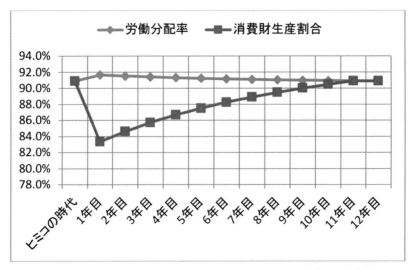

［図２－１１］　フミコ女王時代の労働分配率と消費財生産割合

S：「労働分配率と消費財生産割合の推移を、［図２－１１］で表しました。1 年目に窯の生産（設備投資）を 2 倍に増大しましたから、消費財生産割合は大きく下がりました。」

Ｇ：「そういうことだ、窯造り親方を１人から２人にしたということで、消費財生産割合は、[図２－１１]にみるように、ぐっと下がった。」

Ｓ：「ところが、２年目からは、窯造り親方は２人のままなので、設備投資＝設備財生産が前年と同じになり、消費財生産が増えため、消費財生産割合は上がってきました。好況傾向が生まれたけれど、投資が増え続けない以上その効果は、徐々に減少します。１０年目までは、消費財生産割合は上がっていきましたが、労働分配率より低い間は消費財需給差がプラスを維持し好況傾向です。しかし、１１年目には消費財需給差がゼロになりました。」

Ｇ：「１１年目に労働分配率は消費財生産割合と一致した安定均衡経済に戻ったわけだ。」

Ｓ：「ヒミコ女王のときと同じ状況に戻ってしまいました。窯親方を２人にして、投資を増やしたのに、元の状況になるとは思っていなかったでしょう。女王フミコの期待は外れました。」

Ｇ：「窯の耐用年数が１０年だから、投資の効果は逓減して１０年で元に戻るということになる。

　消費財生産割合は、設備投資によって一旦下がるが、年数が経過すると元へ戻ろうとする。これを消費財生産割合回帰の原理と名づける。この消費財生産割合回帰の原理については、次章のヘミコ女王の時代の第２節でグラフを使って再度考察することとしよう。

この原理で、労働分配率が一定の場合、投資をしても、需給差額は一旦需要過大になるが、元に戻ってしまうということになる。」

Ｓ：「**消費財生産割合は、思う様に下げることはできない**という
ことですね。」

Ｇ：「そういうことだ。ここで確認しておきたいのは、労働分配
率の原理だ。労働分配率 ＞ 消費財生産割合 ならば 消費財需
給差は需要過大になり好況傾向がうまれる、逆に、労働分配率 ＜
消費財生産割合 ならば 消費財需給差は供給過剰になり不況傾
向になる。**消費財生産割合を変えることが出来なければ、頼るの
は労働分配率だけになる。**このことを記憶しておかなければなら
ない。」

Ｓ：「フミコ女王の一循環の１１年間で、元の安定均衡に戻った
とはいえ需要の過大分は蓄積として残っています。しかし、需給
差はゼロになってしまいました。」

Ｇ：「フミコ女王の時代は、付加価値生産額が、２倍へと成長し
た。その要因は何だったのか。」

Ｓ：「追加の設備投資の増額で、設備残高が増えたのが、成長の要
因だったということになるでしょう。」

Ｇ：「成長が止まったのは、その要因がなくなったからだという
ことになる。」

第３章　女王ヘミコの治世

第３−１節　儲け(剰余)の発生と逓増投資

G：「かわらけ王国の女王フミコの次に登場した、女王ヘミコは、
前女王フミコの政策が 10 年後に成長のない安定均衡に元通りして
しまった轍を踏まないような政策を工夫することにした。そして、
２つの経済政策を打ち出した。１つは、いままでの労働者の賃金
は、かわらけ作り親方では 90 円、窯造り親方では 100 円となって
いたのを、窯造り親方の労働者も 90 円に賃下げして、労働者の賃
金を 90 円に統一してしまった。そして、かわらけ作り親方の労働
者の数は、親方を含め 10 人だったのを、親方を含め**9 人**にし、同
じ年間 1,000 個 1,000 円のかわらけを作るようにと命じた。これ
がヘミコの第１の経済政策だ。**第２の経済政策は、窯作り親方の
数を毎年１人ずつ増やしていく**ということだった。」

[図３−１①] 剰余の発生

Ｓ：「この決定により、**親方に儲け（剰余）が発生**します。窯造り親方は、いままで（上側の図）は 10 人の労働者に 1 人 100 円、合計 1,000 円の労賃を払って、出来上がった窯は 1,000 円で、新任のかわらけ作り親方に売り、儲けはなかったわけです。ところが、このヘミコの第 1 の経済政策で、10 人の労働者に 1 人 90 円の賃金、合計 900 円の賃金を払って、出来上がったかわらけは 1,000 円で売るわけですから、100 円の**儲け（剰余）**が生まれます。[図 3－1 ①]の下側の図です。」

Ｇ：「**かわらけ作り親方**も、いままでは 10 人の労働者に 1 人 90 円の賃金を支払って合計 900 円の賃金を払って、出来上がったかわらけは 1,000 円で女王に売り、100 円の借金の返済（減耗留保）をしていたわけで、儲けはなかったのが、労働者が 10 人から 9 人になったから、90×9＝合計 810 円の賃金の支払いと 100 円の借金の返済ということになり、1,000 円－810 円－100 円＝90 円の**儲け（剰余）**が出るようになる。」

Ｓ：「かわらけ作り親方の場合も、図にして、この変化をみます。」

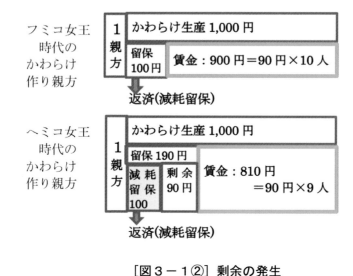

フミコ女王
時代の
かわらけ
作り親方

1親方	かわらけ生産 1,000 円	
	留保 100 円	賃金：900 円＝90 円×10 人

↓
返済(減耗留保)

ヘミコ女王
時代の
かわらけ
作り親方

1親方	かわらけ生産 1,000 円		
	留保 190 円		
	減耗留保 100	剰余 90 円	賃金：810 円 ＝90 円×9 人

↓
返済(減耗留保)

[図3－1②] 剰余の発生

 G：「この**儲け（剰余）**は、留保のうち、減耗留保以外に余分
に生まれたものだから、

　　　　　留保＝減耗留保+剰余　　　　　------①

という関係になる。この親方の剰余の預金は、すべて女王へ預
けることになっている。

　この儲けの構造を図で確認してみよう。まず、窯造り親方が3
人になったヘミコ女王第1年目の分析図を作ってみよう。」

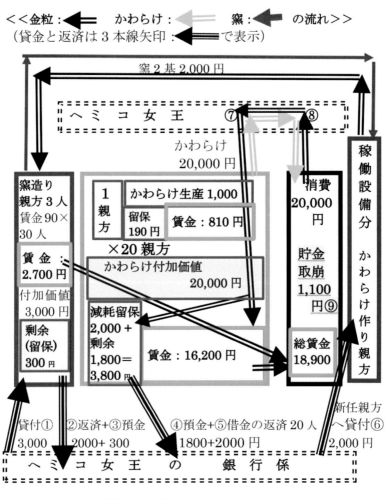

<<金粒：◀　かわらけ：◀　窯：◀　の流れ>>
（貸金と返済は３本線矢印：◀ で表示）

窯２基2,000円

ヘミコ女王　⑦　⑧

かわらけ
20,000円

窯造り
親方３人
賃金90×
30人

賃金：
2,700円

付加価値
3,000円

剰余
（留保）
300円

1
親方

かわらけ生産1,000

留保
190円

賃金：810円

×20親方

かわらけ付加価値
20,000円

減耗留保
2,000＋
剰余
1,800＝
3,800円

賃金：16,200円

消費
20,000
円

貯金
取崩
1,100
円⑨

総賃金
18,900

稼働設備分
かわらけ作り親方

貸付①
3,000

②返済＋③預金
2000＋300

④預金＋⑤借金の返済20人
1800＋2000円

新任親方
へ貸付⑥
2,000円

ヘ　ミ　コ　女　王　の　　銀　行　係

［図３−２］　ヘミコ女王１年目

Ｓ：「この図の左側から１番目が赤枠の［窯造り生産］のブロック、
２番目が青枠の［かわらけ生産］のブロックで、この２つのブロ

ックが生産のブロックです。左から３番目の黒枠ブロックが、
［消費］のブロックという関係も、［図２－１］と同じです。

　女王への資金の出入りを順番に並べてその差額を計算してみま
すと、次の様になります。

新任のかわらけ作り親方への貸付 1,000×2 人	
（本年稼働設備：窯の対価）	△2,000 円⑥
窯造り親方への貸付 1,000×3 人	△3,000 円①
窯造り親方の返済　1,000×2 人 （⑥の対応）	＋2,000 円②
かわらけ作り親方からの返済 100×20 人	＋2,000 円⑤
窯造り親方の預金増 100×3 人	＋300 円③
かわらけ作り親方の預金増 600×3 人	＋1800 円④
差引き返済額（貸付減）	1,100 円
かわらけの買上げ代金	△20,000 円⑦
かわらけの売却代金	
（賃金 18,900＋労働者貯金減⑨1,100）	＋20,000 円⑧

［表３－３］　ヘミコ女王の資金収支

　フミコ 12 年目の貯金残高が、労働者の手許に貯金として残って
いたので、その金粒の内 1,100 円がヘミコ女王１年目に取り崩さ
れて、かわらけ購入の資金になりました。それが、［図３－２］の
黒枠：［消費］ブロック内に貯金取崩 1,100 円⑨として書き込ま
れています。」

G：「[図3－2] を基に、付加価値分配図を　[図3－4]として書いてみよう。」

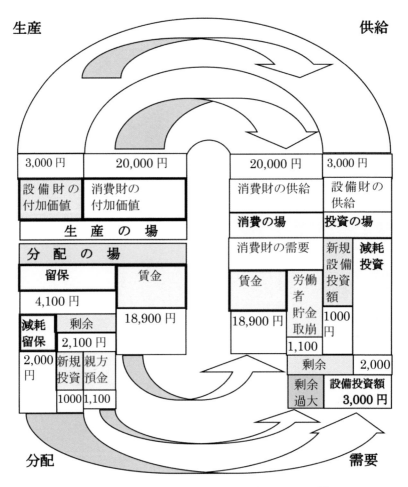

生産　　　　　　　　　　　　　　　　供給

3,000 円	20,000 円
設備財の付加価値	消費財の付加価値

生産の場

分配の場

留保	賃金
4,100 円	18,900 円

減耗留保	剰余 2,100 円	
2,000 円	新規投資 1000	親方預金 1,100

20,000 円	3,000 円
消費財の供給	設備財の供給

消費の場	投資の場	
消費財の需要	新規設備投資額	減耗投資
賃金 18,900 円	労働者貯金取崩 1,100	1000 円
	剰余	2,000
	剰余過大	設備投資額 3,000 円

分配　　　　　　　　　　　　　　　　需要

[図3－4]ヘミコ女王１年目（不況傾向の付加価値分配図）

Ｓ：「ヒミコ、フミコの時代の、儲けのないボランティアの時代
と違って、ヘミコ女王の、儲けの経済組織が出来たわけですね。」
Ｇ：「[図３－１①、②]（p54、p56）と①式でみたように、剰余
と名づけた部分：減耗留保以外の留保、つまり儲けが生まれたわ
けだ。」
Ｓ：「剰余＝儲けを認めたことがヘミコ女王の第１の経済政策だ
ったということですね。」
Ｇ：「この剰余が、何に使われることになるかをみてみよう。」
Ｓ：「[図３－４]の左下部分で、減耗留保以外の留保、つまり剰余
のピンク色ブロックが、新規投資（紫）と親方預金（黄色）とに
分かれているということがわかります。投資に必要な資金以上の
剰余が生まれたために、親方の預金として、女王の銀行係に預け
られたということですね。」
Ｇ：「過剰な剰余が生まれたという現象に対応して、消費の場で
は、消費財の供給が賃金よりも大きくなり、労働者は貯金を取り
崩して、かわらけ（消費財）を購入している。」
Ｓ：「[図３－４]の消費の場をみますと、賃金と労働者貯金取崩と
を加えた 20,000 円が、消費需要となっています。投資も、左下の
新規投資に減耗留保を加えた 3,000 円が矢印で右へ移動していま
す。」
Ｇ：「この剰余について考察するためには、女王の貸付額と親方
の手許に溜まる剰余額とその累積の剰余残高をみる必要があるが、
これは、次節で考察しよう。」
Ｓ：「つぎに、ヘミコ女王の**第２の経済政策**です。」

Ｇ：「この政策は、投資額を毎年同じだけ増加させるというものだ。窯を造る個数を毎年１基ずつ増やしていくという方針だ。女王フミコの治世では窯は、１年に２基しか造らなかったが、ヘミコ女王は、１年目は 3 基の窯を造り、２年目は４基、３年目は５基、というぐあいに毎年増やしていくことにしたわけだ。つまり定額投資ではなくて定額逓増投資だ。」

Ｓ：「フミコの時代は投資を一旦２基に増やしたけれど、その後は定額の２基の投資を続け、それ以上増やしませんでしたから、好況傾向は１０年で終わりました。この反省から生まれた政策ですね。投資をどんどん増やせば好況傾向が続くと考えたわけです。この政策で、好況傾向は永く続くことになるのでしょうか。」

Ｇ：「さあ、それが興味深い課題だ。この動きを表にしよう。」

		フミコ女王12年目	ヘミコの時代					
			1年目	2年目	3年目	7年目	8年目	12年目
①	増加	2	2	3	4	8	9	13
②	減少	2	2	2	2	2	2	3
③	かわらけ作り親方数	20	20	21	23	41	48	85
④	窯造親方数	2	3	4	5	9	10	14
⑤	労働者数	220	210	229	257	459	532	905
⑥	総賃金	20,000	18,900	20,610	23,130	41,310	47,880	81,450
⑦	総付加価値	22,000	23,000	25,000	28,000	50,000	58,000	99,000
⑧	労働分配率	90.9%	82.2%	82.4%	82.6%	82.6%	82.6%	82.3%
⑨	消費財付加価値	20,000	20,000	21,000	23,000	41,000	48,000	85,000
⑩	消費財生産割合	91%	87.0%	84.0%	82.1%	82.0%	82.8%	85.9%
⑪	消費財需給差 ⑥−⑨	0	−1,100	−390	130	310	−120	−3,550
⑬	消費財需給比⑥/⑨	100%	95%	98%	101%	101%	100%	96%
⑭	設備投資額	2,000	3,000	4,000	5,000	9,000	10,000	14,000
⑮	減耗留保 = 返済 ③×100	2,000	2,000	2,100	2,300	4,100	4,800	8,500
⑯	留保⑦−⑥	2,000	4,100	4,390	4,870	8,690	10,120	17,550
⑰	剰余⑯−⑮	0	2,100	2,290	2,570	4,590	5,320	9,050
⑱	信用投資 ⑭−⑯	0	−1,100	−390	130	310	−120	−3,550

［表3−5］　ヘミコ女王の時代の推移

Ｓ：「[表３−５]を見てみると、ヘミコ１年目に、窯造り親方は１
人増えて３人となり、窯造りの労働者は 10 人×３＝30 人になりま
した。かわらけ作り親方は２０人で変わりなしですが、かわらけ
作りの労働者の数は減り 9 人×20＝180 人、合計⑤労働者数は、
30+180＝210 人になり、減りました。１人当り賃金は、90 円にな
りましたので、⑥総賃金は 90×210＝18,900 円になり⑧労働分配
率は下がり 82.2％になります。」

Ｇ：「一方の⑨消費財付加価値：供給は前年と同じ 20,000 円なの
に、消費需要（：賃金）が 18,900 円と減ったのだ。」

Ｓ：「**消費需要−消費財供給＝⑪消費財需給差は△1100 円**で、消
費財供給が消費需要を上回り不況傾向になりました。」

Ｇ：「ヘミコ女王１年目から、**不況傾向になった**。労働分配率が
下がったからだ。」

Ｓ：「2 年目から親方が増えたので⑥総賃金は増え、労働分配率も
上がり、⑪消費財需給差は△390 円になりました。さらに 3 年目
も賃金は増え、⑪消費財需給差は 130 円とプラスに転換しまし
た。」

Ｇ：「3 年目で不況傾向が好況傾向へと転換したわけだ。」

Ｓ：「⑧労働分配率も、ヘミコ 3 年目には82.6％と上昇しました。」

Ｇ：「設備投資の増加が賃金の増加をもたらし、労働分配率も増
えてきたということだ。」

Ｓ：「⑪消費財需給差は 5 年目の 600 円が最高で、どうしたこと
か、そこからは再び減少に転じて、8 年目にはマイナスになり、
さらに、どんどんマイナスの方向へ変化しています。」

G：「それでは、⑪消費財需給差と、賃金÷最終費財生産額＝⑬消費財需給比の推移を、グラフで見てみよう。」

S：「賃金÷最終費財生産額＝⑬消費財需給比は、５年目までは上がっていって、102％まで増えていますが、６年目からは落ちていき、どんどん減って8年目には100％を切ってしまいました。」

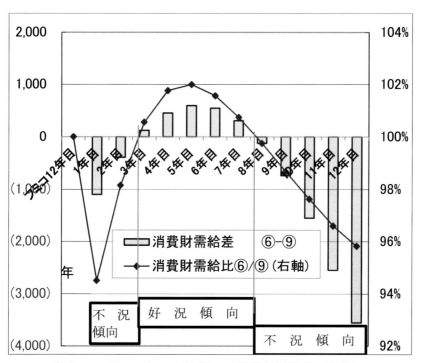

［図３－６］　ヘミコの時代　（消費財需給差の推移）

G：「労働分配率の原理をみるために、労働分配率と消費財生産割合の関係をグラフ[図３－７]で見てみよう。」

S：「3 年目までは、消費財生産割合が労働分配率よりも大きいの
で、労働分配率の原理の不等式：労働分配率－消費財生産割合＜0、
となり不況傾向です。ところが 3 年目から逆転します。」
G：「⑧労働分配率は、3 年目から 7 年目までは 82.6％で、⑩消
費財生産割合の 82.1％〜82.0％よりも高い値を維持して、労働分
配率－消費財生産割合＞0、となり、好況傾向だ。」

<　労　働　分　配　率　の　原　理　＞

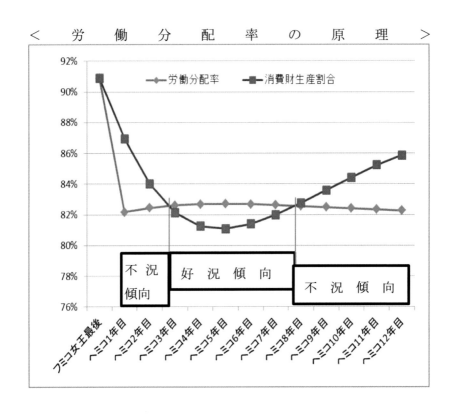

［図3－7］　ヘミコの時代　（労働分配率と消費財生産割合）

S：「しかし、翌年の８年目には、⑧労働分配率は82.6％、⑩消費財生産割合は 82.8％と、逆転し、労働分配率のほうが低くなってしまい、労働分配率－消費財生産割合＜0 で、不況傾向になってしまったのです。」

G：「**労働分配率＞消費財生産割合、なら好況傾向となり、労働分配率＜消費財生産割合、なら不況傾向となる、という、労働分配率の原理が、きれいにグラフにあらわれた。**」

第３－２節　消費財生産割合回帰の原理

G：「消費財生産割合が回帰することは、フミコ女王の時代の第２－４節ですでに考察したが、同じ現象がヘミコ女王の時代でも表れている。」

S：「[図３－７]をみると、設備投資が増えると、期待通り**消費財生産割合は**最初下がり、好況傾向です。ところが、設備投資が増加を続けているのにも関わらず、**途中から消費財生産割合は反転し、上がってきました。**」

G：「**この現象が、不況発生の重要な要因なのだ。**設備財の生産が増えれば、**毎年作った設備が残って累積する**わけだから、生産設備の総額がどんどん増えるということだ。その結果として消費財の生産も増える。」

S：「設備財の増える量は、窯造り親方の数で示され　３、４、５、６、７と毎年１親方分ずつ増えていっている、それに対して消費

財付加価値の増え方は、かわらけ作り親方数で示され　20、2
1、23、26、30、36と、毎年増える量が逓増していきま
す。」

G：「投資つまり窯造り親方の数が直線的に増えて行くのに対し
て、消費財の生産つまりかわらけ作り親方数は２次曲線的なカー
ブで増えていく。」

S：「窯造り親方数が設備投資の大きさを示し、かわらけ作り親方
数が消費財生産の大きさを示しているということでグラフをみれ
ばいいわけですね。」

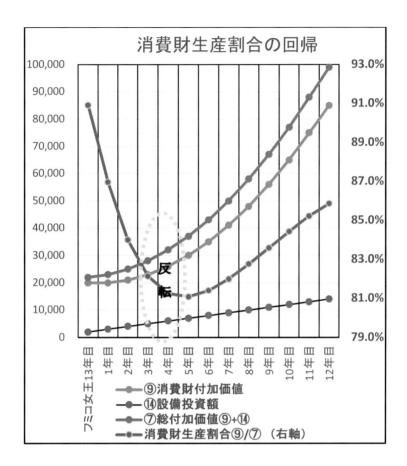

［図３－８］　ヘミコの時代（　消費財生産割合の回帰）

S：「[図３－８]のグラフから見て取れることは、⑭**設備投資額**は
１次曲線：直線ですが、⑨**消費財付加価値**は、２次曲線的に逓増
的に増えていっているということです。
G：「　消費財生産割合＝消費財付加価値÷総付加価値

69

＝消費財付加価値÷（　消費財付加価値＋設備財付加価値）
分母より分子が途中から大きく増えるから、**消費財生産割合も一旦下がっても途中から上がっていくことになる。**」
Ｓ：「設備財の生産を２次曲線的に増加させなければ消費財生産割合を一定に出来ないということですか。」
Ｇ：「消費財付加価値は設備財付加価値（窯の生産）による生産能力の増加の累積になるわけだから、設備投資（窯）を増やして、消費財生産割合を一旦下げても、それを下げ続けるにはより大きな設備投資が必要になる。設備投資を２次曲線の増加にしても、**消費財生産割合を下げたまま維持することは出来ない。**」
Ｓ：「消費財生産割合を下げた状況を持続させることができないということは、好況が不況へと変わる原因がここにあるということですね。」
Ｇ：「**設備投資額を増やして消費財生産割合を下げても、消費財生産割合は元へ戻って上がってしまうという現象**は生産構造を考えれば当然のことで、これが不況発生の原因となる。

消費財生産割合は、設備投資によって一旦下がるが、年数が経過すると元へ戻ろうとする。消費財生産割合は、一時的な設備投資の増加によって構造的に変化させることは出来ない。

これを消費財生産割合回帰の原理と名づける。」

第3-3節　消費財需給差累積の推移−女王ハミコのエピソード

G：「ここで消費財需給差累積を取り上げよう。」

消費財需給差＝消費需要－消費財付加価値＞０
　であれば好況傾向となり、消費財需給差＜０　であれば
　不況傾向になる。

S：「これは、消費財需給差について、第2-3節で定義した、**経済の基本原理**を再掲しものです。」

G：「消費財需給差は、１年間の需要と供給の差だが、その差の残高が、消費財需給差累積ということになる。」

S：「損益計算書の科目ともいうべきものが消費財需給差で、貸借対照表上の科目ともいうべきものが、消費財需給差累積ということですね。」

G：「そうだ、消費財需給差累積は静的状態つまり残高を示す指標だ。

消費財需給差累積＞０であれば、好況状態であり、消費
財需給差累積＜０であれば　不況状態である。

これが、**経済の基本原理の状態的表現**ということになり、これで、好況状態・不況状態の定義ができたことになる。」

S：「この消費財需給差累積は、ヒミコ女王、フミコ女王の治世で
は、どうだったかについては、触れててきませんでした。」
G：「ここから、静的状態：残高の指標について考察する。」
S：「消費財需給差は、ヒミコ女王、フミコ女王の治世ではゼロで
した。」
G：「しかし、その累積もゼロだったというわけではなかった。」
S：「それを知ろうと思えば、ヒミコ女王が始まる前のエピソード
を、語ってもらわなければなりませんね。」

＜女王ハミコのエピソード＞

G：「ヒミコ女王の前に、ハミコ女王がいたのだ。かわらけ作り
は、神のお告げを受けたハミコ女王から始ったものだった。
神のお告げはこうだった。
　まず1人の窯造り親方を任命し、彼に 1,000 粒の金粒を貸し与
えて、9 人の労働者を雇わせ、親方を含め 10 人の労働者で 1 つの
かわらけ作りの窯を造らせなさい。翌年にかわらけ作り親方を 1
人任命し、この親方にも 1,000 粒の金粒を貸し与え、その金粒で
出来上がった窯を窯造り親方から買い取らせ、9 人の労働者を雇
わせ、親方を含め 10 人の労働者で1年で 1,000 個のかわらけを作
らせなさい。」
S：「これが始まりですね。1年目は、窯を造るだけで、2年目に
1 人のかわらけ作り親方が、1,000 個のかわらけを作るということ
ですね。」

G：「出来上がった 1,000 個のかわらけは、女王が買取り、かわら
け 1 個につき 1 個の金粒の献納を受けて、かわらけを労働者やそ
の家族に与えることになる。」

S：「1 年目には、窯造り労働者の賃金、100 円×10 人＝1,000 円
が、支払われます。しかし、かわらけはまだ出来ていませんから、
支払われた賃金は使い道がなく余り、⑫労働者の貯金（手許に蓄
えた金粒）1,000 円が生まれて、それが翌年に繰り越されます。」

G：「2 年目の窯造り労働者の賃金 1,000 円と、かわらけ作り労働
者の賃金 90 円×10 人＝900 円との、計 1,900 円の⑥賃金が、労働
者の手許に配られる。」

S：「ハミコ 2 年目のかわらけの生産額⑨は、1,000 個＝1,000 円
です。1,900 円－1,000 円＝900 円の需給差⑪：貯金が追加され、
2 年目には、1,900 円の⑫貯金残になります。」

		ハミコ女王の時代				ヒミコ女王	
		1年目	2年目	3年目	10年目	1年目	2年目
①	かわらけ増加	0	1	1	1	1	1
②	かわらけ減少	0	0	0	0	0	1
③	かわらけ親方数	0	1	2	9	10	10
④	窯造り親方数	1	1	1	1	1	1
⑤	労働者数	10	20	30	100	110	110
⑥	賃金	1,000	1,900	2,800	9,100	10,000	10,000
⑦	総付加価値	1,000	2,000	3,000	10,000	11,000	11,000
⑨	消費財付加価値	0	1,000	2,000	9,000	10,000	10,000
⑪	消費財需給差（⑥-⑨）	1,000	900	800	100	0	0
⑫	消費財需給差累積（貯金残）	1,000	1,900	2,700	5,500	5,500	5,500

［表３－９①］　ハミコ女王の需給差累積

		ヒミコ女王		フミコの時代		
		1年目	10年目	1年目	11年目	12年目
①	かわらけ増加	1	1	1	2	2
②	かわらけ減少	0	1	1	1	2
③	かわらけ親方数	10	10	10	20	20
④	窯造り親方数	1	1	2	2	2
⑤	労働者数	110	110	120	220	220
⑥	賃金	10,000	10,000	11,000	20,000	20,000
⑦	総付加価値	11,000	11,000	12,000	22,000	22,000
⑨	消費財付加価値	10,000	10,000	10,000	20,000	20,000
⑪	消費財需給差 (⑥-⑨)	0	0	1,000	0	0
⑫	消費財需給差累積（貯金残）	5,500	5,500	6,500	11,000	11,000

［表3－9②］　フミコ女王の需給差累積

G：「⑫消費財需給差累積（貯金残）は、ハミコ女王10年目には、5,500円になり、ヒミコ女王の時代は増えなかったが、フミコ女王12年目には、11,000円になっている。」

S：「ハミコ女王の時代からフミコ女王の時代まで、第3－3節冒頭で定義した**好況状態が続**いていて、貯金残があったのですね。この続きのヘミコ女王の時代の消費財需給差累積（貯金残）をみてみましょう。」

G：「好況傾向の場合には、消費財需給差がプラスとなり、貯金が増えるということになり、好況状態は持続することになる。」

	フミコ 12年目	ヘミコ 1年目	7年目	8年目	11年目	12年目
① かわらけ増加	2	2	8	9	12	13
② かわらけ減少	2	2	2	2	2	3
③ かわらけ親方数	20	20	41	48	75	85
④ 窯造り親方数	2	3	9	10	13	14
⑤ 労働者数	220	210	459	532	805	905
⑥ 賃金	20,000	18,900	41,310	47,880	72,450	81,450
⑦ 総付加価値	22,000	23,000	50,000	58,000	88,000	99,000
⑨ 消費財付加価値	20,000	20,000	41,000	48,000	75,000	85,000
⑪ 消費財需給差 (⑥−⑨)	0	−1,100	310	−120	−2,550	−3,550
⑫ 消費財需給差 累積（貯金残）	11,000	9,900	11,560	11,440	6,600	3,050
⑭ 設備投資額 =④×1000	2,000	3,000	9,000	10,000	13,000	14,000

［表３−９③］　ヘミコ女王の需給差累積

S：「［表３−９③］　ヘミコ女王の時代の推移から、⑪消費財需給差と⑫消費財需給差累積を取り出し、［図３−１０］を作って、考察します。」

S：「⑪消費財需給差＝需要−供給、はヘミコ女王３年目でマイナスからプラスになり、８年目からマイナスになりました。⑬消費財需給差累積（貯金残）の残高は、［表３−９③］でみると、８年目で 11,440 円残っています。」

G：「⑬消費財需給差累積は、ヘミコ女王 12 年目までプラスだから、第３−３節冒頭で定義した好況状態が、ここまでずっと続いているということを表している。」

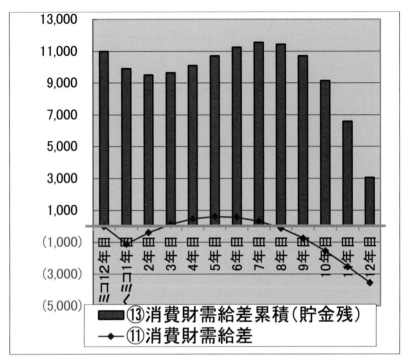

[図３－１０]　ヘミコ女王　好不況傾向と好不況状態

S：「ヘミコ女王８年目以降は不況傾向だけれども、⑬消費財需給
差累積（貯金残）は12年目まではプラスを指し、好況状態が続い
ています。」

G：「しかし、12年目には、その貯金もわずか、⑫3,050円になっ
てしまった。」

S：「１２年目の⑪消費財需給差は、△3,550 円ですから、このま
ま続けば１３年目には、消費財需給差累積はマイナスになってし
まいます。ということは不況状態になるということです。」

G：「不況傾向が続き、不況状態に直面し、女王ヘミコは意気消沈して王位を退くことになる。」

第３−４節　信用投資と剰余

S：「［図３−４］ヘミコ女王１年目の付加価値分配図がどう変わるかをみましょう。［表３−５］の数値により、ヘミコ女王３年目を作りますと、［図３−11］のように変わります。」

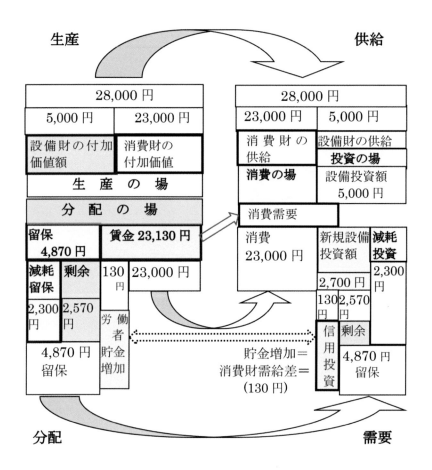

[図３−１１]ヘミコ女王３年目（好況傾向の付加価値分配図）

G：「[図３−４] ヘミコ女王１年目では、消費財の供給が
20,000 円、賃金が 18,900 円で、需給差△1,100 円を労働者貯
金取崩で補っていたのが、[図 3−11]ヘミコ女王３年目では、
消費財需給が逆転して賃金が 130 円余って貯金となった。」

Ｓ：「投資の場では、信用投資 130 円が、追加資金として必要になっています。」

Ｇ：「親方の手許に残る留保が設備投資の原資だが、[図 3－11]では、設備投資額 5,000 円を実行するためには、留保 4,870 円だけでは足りない。その不足金額 130 円が、信用投資という追加資金として必要になったわけだ。」

Ｓ：「フミコ女王の時代には、親方に剰余はありませんでしたから、留保＝減耗留保でしたが、**ヘミコ女王の時代には、剰余があります**から、留保＝剰余+減耗留保、となります。」

Ｇ：「この剰余を加えた留保以上の資金を、信用投資ということになる。」

Ｓ：「**信用投資＝設備投資額－留保**

$\qquad$ ＝設備投資額－（剰余+減耗留保）

$\qquad$ **＝新規設備投資額－剰余** $\qquad$ ---------②

ということになります。」

Ｇ：「[図 3－11]でも明らかなように、

留保＝総付加価値－賃金

$\quad$ ＝総付加価値－消費財の需要 $\qquad$ -------③

であり、②式の、右辺の設備投資額＝設備財の供給、だから

$\quad$ 信用投資＝設備財の供給－留保

$\qquad$ ＝総付加価値－消費財の供給－留保 $\quad$ -----④

となる。」

Ｓ：「④式に、③式を代入すると、

$\quad$ 信用投資＝総付加価値－消費財の供給

$\qquad$ －（総付加価値－消費財の需要）

79

$$＝消費財の需要－消費財の供給$$

となり、[図3−11]にみられるように、⑤式の関係となります。

$$信用投資＝消費財需給差　　　----⑤　　　」$$

G：「②式と⑤式とから、⑥式が生まれる。

$$消費財需給差＝設備投資額－留保　　　---⑥$$

　信用投資について、考察したので、ここで信用投資残高についても定義しておこう。⑤式の等式の両辺の累積も、等しくなるので、

$$信用投資残高＝消費財需給差累積　　　-----⑦$$

となる。」

S：「この消費財需給差累積＞0 は、第3節でみたように、好況状態を表しますから、⑦式により、**信用投資残高＞0、は好況状態を表す指標**になり、**信用投資残高＜0、は不況状態を表す指標**になります。」

第3−5節　設備残高の推移

S：「消費財需給差累積、信用投資残高という残高勘定について考察しましたが、同じ様に、他の残高勘定の推移も、みていきましょう。まず、設備残高です。」

＜設備残高と減価償却累計額＞

G：「期末設備残高には、取得費の累積で表示した㉔期末設備残高（取得費評価）と、毎年の償却額を引いた残額で表示する㉕償却後期末設備残高とがある。」

S：「㉔期末設備残高（取得費評価）と㉕償却後期末設備残高との差額が、減価償却累計残高⑰ということになります。式にすると、㉕償却後期末設備残高

　　　＝㉔期末設備残高（取得費評価）－⑰減価償却累計残高

という関係です。［表３－１２］で表示しました。」

G：「この式の関係は、［表３－１４］でみると明解だ。」

S：「この減価償却累計残高⑰は、１年間でその年の減価償却⑯だけ増え、除却した設備の減価償却累計を減少させたものになります。したがって、ハミコ女王の時代は、減価償却累計残高⑰は、毎年その年の減価償却⑯だけ増えて増加を続けていますが、ヒミコ女王の時代は、設備除却分の減少がありますから、減価償却累計残高⑰は、増えていません。」

		ハミコ女				ヒミコ女王	
		1年目	2年目	3年目	10年目	1年目	2年目
⑫	消費財需給差累積（貯金残）	1,000	1,900	2,700	5,500	5,500	5,500
⑭	設備投資額	1,000	1,000	1,000	1,000	1,000	1,000
⑯	減耗留保＝減価償却	0	100	200	900	1,000	1,000
⑰	減価償却累計残高	0	100	300	4,500	4,500	4,500
㉑	信用投資＝⑭－⑯	1,000	900	800	100	0	0
㉒	信用投資残高	1,000	1,900	2,700	5,500	5,500	5,500
㉓	設備除却額（取得費評価）	0	0	0	0	1,000	1,000
㉔	期末設備残高（取得費評価）	1,000	2,000	3,000	10,000	10,000	10,000
㉕	償却後期末設備残高㉔－⑰	1,000	1,900	2,700	5,500	5,500	5,500

［表3－12］　ハミコ女王の設備残高

＜剰余ゼロ時代の信用投資残高と設備残高＞

G：「もう1つ、みてほしいのは、㉑信用投資残高と㉕設備残高の関係だ。フミコ女王の時代までは、親方に、儲け＝剰余がなかった。まず、この時代をみよう。」

S：「剰余がゼロの時代には、設備投資に使われる金額は、女王が金庫から持ち出した信用投資しかないということになります。そして、減価償却は、女王への返却額ということになります。」

G：「剰余がゼロの時代、女王へ返却するということは、信用投資が減るということだから、

㉒信用投資残高＝信用投資累積額－女王への返却額累積　---⑧

ということになる。[表３－１３]で表した。」

S：「ヒミコ女王の時代でみれば、⑧式右辺第１項、信用投資累積額は、ハミコ女王時代からの信用投資の累積、つまり歴代女王が貸出した金粒：資金の累積で、そこから⑧式右辺第２項の女王へ返却した資金累積を引いたものが、信用投資残高ということになり、女王の貸金残高ということになります。ヒミコの時代は、[表３－１２]にみられるように、5,500円になっている。」

G：「女王から出た貸金は、窯という設備が除却される時までに完済されるわけだから、返済されていない貸金残高とは、取得費で評価した設備残高から減価償却（＝貸金の返却）を控除した金額、つまり償却後の設備残高ということになる。ヒミコ女王の時代では、5,500円となっている。」

S：「[表３－１２]から、ヒミコ女王の時代までをみても、[表３－１５]で、フミコ女王の時代をみても、㉒信用投資残高と、㉕償却後期末設備残高とが等しくなっていることがわかります。」

G：「剰余がゼロの場合、㉒信用投資残高は、㉕償却後期末設備残高と等しくなるという、この関係は、[表３－１３]と[表３－１４]とを比べてみれば、わかりやすいだろう。」

信用投資累積額 A	
女王への返却額 （＝減耗留保）累積	信用投資残高㉒

[図３－１３]

設備取得費累積額 B		
除却 設備	設備残高(取得費評価)㉔	
	減価償却累計 残高⑰	償却後期末設備残高㉕
減価償却累積額 C		

[図３－１４]

S：「剰余がゼロの時代は、設備投資額が信用投資なので、[表３－１４]の設備投資累積額 B が、[図３－１３]の信用投資累積額 A となり、[図３－１４]の設備投資累積額 B から減価償却累積額 C を控除したものが、償却後期末設備残高㉕になります。」

G：「したがって、**剰余がゼロの、フミコ女王の時代までは、**

　　㉒信用投資残高＝㉕償却後設備残額　　　-----⑨

ということになる。」

S：「[表３－１２]・[表３－１５]で、金額をみれば、⑨式の㉒＝㉕、の関係が成り立っています。」

G：「この⑨式は、フミコ女王の時代までの、剰余がない経済での関係だ。剰余が発生するヘミコ女王以降の経済では、この関係は変わってしまう。」

S：「剰余という儲けが生まれたことでの、面白い変化が生まれて
きますね。その変化をみてみましょう。」

		ヒミコ女王		フミコ女王		
		1年目	10年目	1年目	11年目	12年目
⑪	消費財需給差 (⑥-⑨)	0	0	1,000	0	0
⑫	消費財需給差 累積（貯金残）	5,500	5,500	6,500	11,000	11,000
⑭	設備投資額	1,000	1,000	2,000	2,000	2,000
⑯	減耗留保＝減 価償却	1,000	1,000	1,000	2,000	2,000
⑰	減価償却累計 残高	4,500	4,500	4,500	9,000	9,000
⑳	剰余残高	0	0	0	0	0
㉑	信用投資 ＝⑭－⑯	0	0	1,000	0	0
㉒	信用投資残高	5,500	5,500	6,500	11,000	11,000
㉓	設備除却額 （取得費評価）	1,000	1,000	1,000	2,000	2,000
㉔	期末設備残高 （取得費評価）	10,000	10,000	11,000	20,000	20,000
㉕	償却後期末設 備残高㉔－⑰	5,500	5,500	6,500	11,000	11,000

［表３－１５］　フミコ女王の設備残高

＜剰余あり時代の信用投資残高と設備残高＞

G：「［表３－１６］で注目しなければならないのは、⑳剰余残高と㉕設備残高と㉒信用投資残高の関係だ。」

S：「［表３－１６］はヘミコ女王の時代ですから、剰余が生まれ、㉒信用投資残高＋⑳剰余残高＝㉕償却後期末設備残高、という関係になっています。」

		フミコ12年目	ヘミコの時代			
			1年目	7年目	8年目	12年目
⑪	消費財需給差	0	▲ 1,100	310	▲ 120	▲ 3,550
⑫	消費財需給差累積（貯金残）	11,000	9,900	11,560	11,440	3,050
⑭	設備投資額	2,000	3,000	9,000	10,000	14,000
⑮	留保	2,000	4,100	8,690	10,120	17,550
⑯	減耗留保＝減価償却	2,000	2,000	4,100	4,800	8,500
⑰	減価償却累計残高	9,000	9,000	14,600	17,400	34,500
⑱	剰余＝⑮－⑯	0	2,100	4,590	5,320	9,050
⑳	剰余残高	0	2,100	21,840	27,160	**57,450**
㉑	信用投資＝⑭－⑮	0	▲ 1,100	310	▲ 120	▲ 3,550
㉒	信用投資残高	11,000	9,900	11,560	11,440	**3,050**
㉓	設備除却額（取得費評価）	2,000	2,000	2,000	2,000	4,000
㉔	期末設備残高（取得費評価）	20,000	21,000	48,000	56,000	95,000
㉕	償却後期末設備残高㉔－⑰	11,000	12,000	33,400	38,600	**60,500**

［表３－１６］　ヘミコ女王の設備残高

G：「㉒信用投資残高と㉕償却後期末設備残高との関係は、フミコ女王の時代までは、同額だったが、ヘミコ女王になってから、差ができてきた。その理由は何か。」

S：「投資の資金源に、女王の金庫からの資金に加えて、親方の手許に生まれた剰余預金も加わってきたというのが、変化の原因です。」

G：「剰余のない時代の[図3－13][図3－14] でみた関係は変化した。」

S：「[図3－13]を再掲して、その下側に、剰余がある時代の関係を、[図3－17]として持ってきて比較しました。」

信用投資累積額	
女王への返却 （＝減耗留保）累積	信用投資残高㉒

[図3－13] 剰余なしの時代

信用投資累積額		
女王への返却 （＝減耗留保）累積	剰余残高　⑳	信用投資 残高　㉒
減価償却累積額	償却後期末設備残高㉕	

[図3－17] 剰余ありの時代：ヘミコ女王以降；好況状態

G：「信用投資残高㉒の式が、⑨式から⑩式へと変わる。
信用投資残高＝償却後期末設備残高－剰余残高　-----⑩
という式になった。」

信用投資累積額		
女王への返却 （＝減耗留保）累積	剰余残高　⑳	
		㉒
減価償却累積額	償却後期末設備残高㉕	

△信用投資残高

［図３－１８］　剰余残高増大⇒不況状態

S：「［図３－１７］で見るとおり、**償却後期末設備残高㉕**は投資を
した結果ですから枠は固定されていると考えて、その枠の中で、
⑳剰余残高が増えて、右に膨らんで行き、㉒信用投資残高との境
を右に押しやると、㉒信用投資残高が減るということになります。
そして、この境がさらに右へ押しやられると、枠を飛び出し、㉒
信用投資残高はマイナスになり、［図３－１８］　のようになりま
す。」
G：「第４節の末尾の⑦式でみたように、

　　　　信用投資残高＝消費財需給差累積　————⑦式再掲
　信用投資残高がマイナスになるということは、消費財需給差残
高がマイナスになり、**不況状態になるということ**だ。この場合、
［図３－１８］　にみられるように、**△信用投資残高＞0**　となる。」

＜剰余残高と設備残高＞

S：「⑩式の意味することを、別の面から考察してみます。

　　　信用投資残高＝償却後期末設備残高－剰余残高　-----⑩再掲

　　　　　　　　　＝消費財需給差累積　　　　　-----⑦式再掲

信用投資残高＜０　になるということは、

　　　償却後期末設備残高　－　剰余残高　＜０；

　　　消費財需給差累積＜０

ということになります。したがって、**償却後期末設備残高　＜　剰余残高、にならないように、つまり、剰余を過大にしないように抑えないと、不況状態になるということです。**」

G：「剰余を増やし設備投資額を増やそうとすることは、経済成長にも好況にも必要なことなのだが、**設備投資額に必要な額以上に剰余が増えてしまい、償却後期末設備残高＜剰余残高、になってしまうと、不況状態になる。**」

S：「剰余を過大にしないように抑えるということは、剰余と裏腹の関係にある、**労働分配率を上げるように維持する**ということと同じことですね。」

G：「そういうことだ。」

第4章　女王ホミコの時代
——生産性アップ・高投資⇒不況・破綻へ

G：「不況状態に直面した女王ヘミコ１２年目の経済を、何とか
しなければならない。この課題を解決しようと、次の女王ホミコ
が立ち上がった。女王ホミコは、３つの新しい政策を打ち出した。
１つ目は、これまで、女王が売買をすべて仕切っていたのをやめ
て、かわらけ作り親方が、かわらけを直接売るというシステムに
変えてしまった。労働者の賃金や生産性を規制する決定権と、窯
造り親方の人数の決定権とを持つだけにして、資金の融資も中央
銀行に任せてしまった。」

S：「銀行係は廃止して、中央銀行という役職を持った親方を任命
し、金粒の金庫を管理させることにしたのですね。」

G：「２つ目の政策として、女王ホミコは窯造り親方数を毎年 **12
人ずつ増やし続ける**ことにした。投資額を毎年増やす額は、ヘミ
コ女王の時代の窯造り親方を１人ずつ増やすのと比べれば大増額
だ。」

S：「ヘミコ女王の時代の 12 年目には不況状態寸前の状況にあっ
たので、後を継ぐ女王ホミコは、その不況状態を回避し、大きく
改善をし、後顧の憂いをなくそうとしたわけですね。しかし、そ
のような、急激な設備投資には、労働人口が追いつかなくなると
いう不安が生まれます。」

G：「３つ目の政策は、その不安に対する労働人口対策として、生産性を上げることだった。」

S：「イノベーションの必要性が生まれてきたわけですね。」

G：「今までは、窯１基に親方を含めて労働者９人が付いて、年間1,000 個のかわらけ製造で、1,000 円の消費財生産をしていたが、新しい高性能の窯を開発し、それを使ってかわらけを生産すると、窯１基に５人の労働者が付いて、同じだけの生産をすることが出来るようになった。」

S：「労働者１人当りの生産額が、1,000／９から、1,000／５になるという生産性の高い窯が開発されたのですね。」

G：「その高性能の窯を造るためには手間がかかる。今まで、窯造り親方は、年間１基の窯を作るのに、親方含めて 10 人の労働者が必要だったが、新しい高性能の窯を造るには、20 人の労働者が必要となった。値段も今までは１基 1,000 円で売っていたのが、１基 2,000 円へと値上げすることになった。」

S：「かわらけ作り親方の労働者を５人に減らして、同じだけのかわらけを作るということは、労働者が減るということですね。」

G：「かわらけ王国の労働人口には限りがある。その労働人口の壁に対応するために、労働生産性のアップを実行し、限られた労働人口でより多くのかわらけを作れるようにしたのだ。」

S：「しかし、**生産性を上げるということは、労働分配率を下げる**ということにつながりますから、不況への影響が心配ですね。」

＜かわらけ作り親方＞

かわらけ作り親方 親方当り、1年間の留保・剰余	1	ヘミコ女王 治世のかわ らけ親方	⇨	ホミコ女王 治世 新か わらけ親方
① 労働者数		9		5
② 1人当り賃金（円）		90		90
③ 支払賃金（円）		810		450
④ 付加価値＝売上（円）		1,000		1,000
⑤ 留保＝売上④－支払賃金③		190		550
⑥ 窯1基の値段＝借入金		1,000		2,000
⑦ 減耗留保＝年間の返済（10年返済）		100		200
⑧ 剰余＝留保⑤－減耗留保⑦		90		350

S：「ホミコ女王の時代のかわらけ作り親方の付加価値は、ヘミコ女王のときと変わらず、1,000個のかわらけを作って1,000円の付加価値④を手に入れることが出来るのですから、賃金450円払って550円の差益：留保⑤が出るようになりました。しかし、2,000円の窯を購入していますので、年に200円の借金の返済：減耗留保⑦が発生しますから、手許に残る剰余⑧は、350円となります。」

G：「かわらけ作り親方は、ヘミコ女王では差益90円が剰余（貯金）貯金だったが、ホミコ女王の治世は350円の剰余（貯金）に増加した。」

＜窯造り親方＞

窯造り親方 1親方当り、1年間の留保・剰余	ヘミコ女王 治世の窯造 り親方	→	ホミコ女王 治世の新 窯造り親方
① 労働者数	10		20
② 1人当り賃金（円）	90		90
③ 支払賃金（円）	900		1,800
④ 付加価値＝売上（円）	1,000		2,000
⑤ 留保＝売上④－支払賃金③	100		200
⑥ 減耗留保＝年間の返済（10年返済）	0		0
⑦ 剰余＝留保⑤－減耗留保⑥	100		200

S：「同じように窯造り親方についてみてみます。ヘミコ女王の時代は、窯造り親方の剰余は 100 円だったのが、ホミコ女王の時代では、1人当り賃金90円×20人で1,800円を労働者に払い、2,000円で売るわけですから、200 円の剰余⑦が出るようになりました。」

G：「ホミコ女王2年目の資金の流れの図を前章と同じように作ってみよう。」
S：「[図 4－1]のようになります。ヘミコ女王のときは下端のブロックがヘミコ女王銀行係だったのが、[中央銀行]と変わっています。」

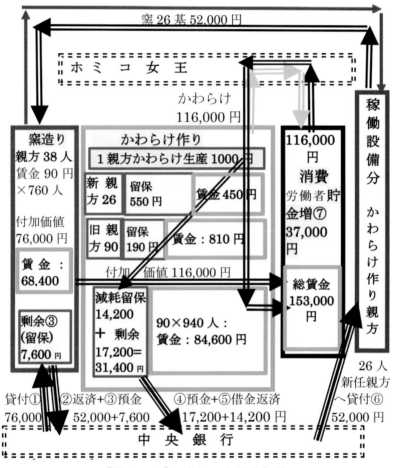

<<金粒: ◀━━ かわらけ ◀━━ 窯: ◀━ の流れ>>
（貸金と返済の動きは３本線矢印：◀━で表示）

窯 26 基 52,000 円

ホ ミ コ 女 王

かわらけ
116,000 円

窯造り
親方 38 人
賃金 90 円
×760 人

付加価値
76,000 円

賃金：
68,400

剰余③
（留保）
7,600 円

かわらけ作り
１親方かわらけ生産 1000 円

新親方 26　留保 550 円　賃金 450 円

旧親方 90　留保 190 円　賃金：810 円

付加価値 116,000 円

減耗留保
14,200
＋剰余
17,200＝
31,400 円

90×940 人：
賃金：84,600 円

116,000
円
消費
労働者貯金増⑦
37,000
円

総賃金
153,000
円

稼働設備分
かわらけ作り親方

26 人
新任親方へ貸付⑥
52,000 円

貸付①
76,000

②返済+③預金
52,000+7,600

④預金+⑤借金返済
17,200+14,200 円

中 央 銀 行

[図４−１]　ホミコ女王２年目

S：「[図 4−1]より、中央銀行の資金の動きをみてみます。[表4−3]を参考に計算しました。

94

＜ホミコ女王２年目の中央銀行の貸付・返済＞

新任のかわらけ作り親方への貸付

　（本年稼働設備：窯の対価）2,000×26 人　　△52,000 円⑥

窯造り親方への貸付 2,000×38 人　　　　　△76,000 円①

⑥　の対価：窯造り親方からの返済　　　　　＋52,000 円②

かわらけ作り親方からの返済

　　　200×26 人＋100×90 人　　　　＝　　　　＋14,200 円⑤

　　　　中央銀行の貸付差額　　　　　△61,800 円　貸付

＜親方の預金：剰余＞

窯造り親方の預金（剰余）200×38 人　　　7,600 円③

かわらけ作り親方の預金（剰余）

　（1,000－90×5－200）×26＋

　（1,000－90×9－100）×90　　　＝　　　17,200 円④

　　　　親方の預金増：剰余　　　　　　24,800 円

＊中央銀行の残高増加額：信用投資

　　＝＜中央銀行の貸付・返済＞＋＜親方の預金増：剰余＞

　　　　＝△61,800＋24,800　　＝△37,000

　　　　　　　　　　　　↕

＊労働者の貯金 153,000－116,000＝　　　　37,000 円⑦

かわらけの供給　　　　　　　116,000 円　　　　⑤

かわらけの需要（労働者の賃金）153,000 円　　　　⑧

消費財（かわらけ）需給差　　　37,000 円　　　　⑦

となり、この消費財需給差 37,000 円が、労働者の貯金の増加分
＝信用投資、となっています。」
G：「[図 4−1] を基にしてホミコ女王 2 年目の付加価値分配図を
[図 4−2]として書いてみよう。」

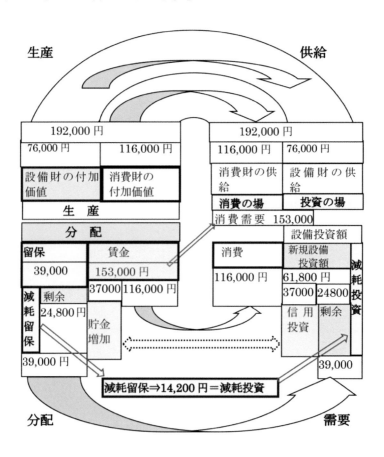

[図4−2]ホミコ女王2年目（好況傾向の付加価値分配図）

S：「[図4−2]は、[図3−11]と全く同じで、書き込まれている数字が違うだけです。」

G：「好況傾向の場合には、この図に示されるように、信用投資がプラスとなって現れる。」

		ヘミコ12年目	ホミコの時代			
			1年目	2年目	7年目	10年目
①	かわらけ親方旧	72	95	90	50	14
②	かわらけ親方新	13	0	26	336	666
③	かわらけ作親方数	85	95	116	386	680
④	窯造り親方数	14	26	38	98	**134**
⑤	労働者数	905	1,375	1,700	4,090	**6,136**
⑥	賃金	81,450	123,750	153,000	368,100	552,240
⑦	総付加価値	99,000	147,000	192,000	582,000	948,000
⑧	労働分配率	82.3%	84.2%	79.7%	63.2%	58.3%
⑨	消費財生産額	85,000	95,000	116,000	386,000	680,000
⑩	消費財生産割合	85.9%	64.6%	60.4%	66.3%	71.7%
⑪	消費財需給差	**▲ 3,550**	**28,750**	**37,000**	**▲ 17,900**	**▲ 127,760**
⑫	消費財需給差累積（貯金残）	**3,050**	**31,800**	68,800	153,200	**▲ 107,400**
⑭	設備投資額	14,000	52,000	76,000	196,000	268,000
⑮	留保	17,550	23,250	39,000	213,900	395,760
⑯	減耗留保＝減価償却	8,500	9,500	14,200	72,200	134,600
⑰	減価償却累計残高	34,500	39,000	47,200	224,200	522,000
⑱	剰余＝⑮−⑯	9,050	13,750	24,800	141,700	261,160
⑳	剰余残高	57,450	71,200	96,000	529,600	**1,185,400**
㉑	信用投資＝⑭−⑮	**▲ 3,550**	28,750	37,000	**▲ 17,900**	**▲ 127,760**
㉒	信用投資残高	3,050	31,800	68,800	153,200	**▲ 107,400**
㉓	設備除却額（取得費評価）	4,000	5,000	6,000	11,000	14,000
㉔	期末設備残高（取得費評価）	95,000	142,000	212,000	907,000	1,600,000
㉕	償却後期末設備残高㉔−⑰	60,500	103,000	164,800	682,800	**1,078,000**

［表4−3］ ホミコ女王の治世

S：「[表４－３]でみてみます。ホミコ女王１年目の⑪**消費財需給差 ＝ 需要－供給 ＝ 賃金－かわらけ生産額**、は 28,750 円という数字になりました。１年目で、好況傾向に転じたのです。」

G：「ヘミコ女王 12 年目では、⑫消費財需給差累積＝3,050 円まで急落して不況状態になる直前の状態だった。ホミコ女王はこれを解消してしまい、１年目で、⑪消費財需給差 8,750 円、⑫消費財需給差累積 31,800 円と、好況傾向にしだけではなく、好況状態へと大幅に改善することができた。」

S：「大きな投資額によって、この結果が出ました。しかし、その後、⑪消費財需給差は毎年減っていって、７年目には、△17,900 円とマイナスになり、不況傾向になってしまいました。」

G：「７年目には不況傾向になったけれど、それまでの６年間、消費財需給差はプラスが続いていたため、不況傾向になっても不況状態までにはなっていない。」

S：「しかし、７年目以降の⑪消費財需給差のマイナスは、どんどん大きくなっていきます。⑫消費財需給差累積：売れ残り在庫が、10 年目には　△107,400 円という数字となり不況状態となりました。」

G：「グラフで見てみよう。」

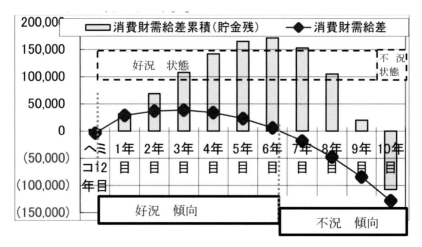

[図４－４] ホミコ女王時代（消費財需給差の推移）

S：「[図４－４]をみると、７年目で消費財需給差がマイナスにな
り、そこから不況傾向になっていること、そして 10 年目から不況
状態になっていることが、わかります。」

<労働分配率と消費財生産割合>

	ヘミコ 12年目	ホミコの時代			
		1年目	2年目	7年目	10年目
⑧ 労働分配率	82.3%	84.2%	79.7%	63.2%	58.3%
⑩ 消費財生産割合	85.9%	64.6%	60.4%	66.3%	71.7%
⑪ 消費財需給差	−3,550	28,750	37,000	−17,900	−127,760

[表４－５] ホミコ女王の時代（労働分配率と消費財生産割合）

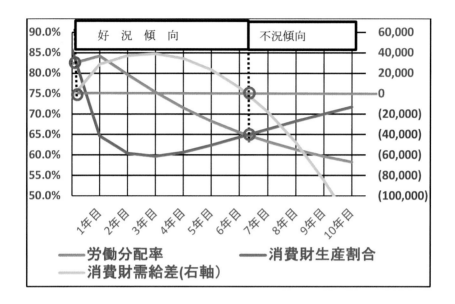

[図4−6]　ホミコ女王の時代（労働分配率と消費財生産割合）

G：「[表4−5]は、[表4−3]の一部を再掲したもので、[図4
−6]は、そのグラフだ。」

S：「[図4−6]　をみると、ホミコ女王1年目で、消費財生産
割合が急激に下がり、消費財需給差が上がり、好況傾向に転じた
様子がよくわかります。ところが、**労働分配率が毎年だんだんと
下がり、消費財生産割合も4年目からが上がっていき、6年目か
ら7年目にかけて、労働分配率と消費財生産割合のカーブはクロ
スしています。**」

G：「このクロス後の7年目に、好況傾向から不況傾向に変わって
いる。」

S：「労働分配率の原理から、6年目までは、労働分配率－消費財生産割合＞0で、消費財需給差はプラス、ですから好況傾向、7年目以降は労働分配率－消費財生産割合＜0で、消費財需給差はマイナスになっていますから不況傾向と、好況傾向の変化が、[図4－6]上にはっきりと表れています。

G：「労働分配率＞消費財生産割合、なら好況傾向となり、労働分配率＜消費財生産割合、なら不況傾向となる、という、労働分配率の原理が、グラフで表されている。」

S：「労働分配率の原理が好不況の推移の変動要因になっていることが、きれいに説明されている図です。」

＜消費財在庫の発生・不況状態＞

G：「それでは、賃金の動きをみてみよう。賃金はすべてかわらけの購入に当てられ、かわらけ生産が不足して賃金が余ったら、すべて貯金をすることになっているから、労働者の貯金は、消費財需給差の累積と同じ値になることは確認した。」

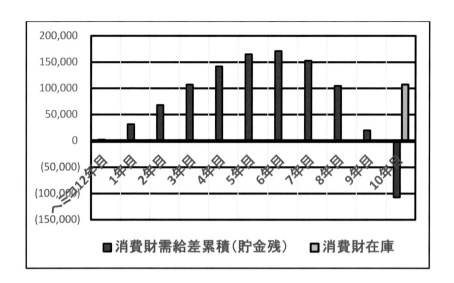

[図4－7] ホミコ女王の時代（消費財需給差累積と在庫）

S：「［表4－3］⑫消費財需給差累積（貯金残）は、10年目には
△107,400円になりました。貯金残がマイナスになるということ
は、労働者に借金ができているということになります。」

G：「現在なら、消費者ローンがあるだろうが、女王の時代には、
考えられなかった。貯金はゼロになり、売れなくなったので、商
品が販売されずに売れ残った、消費財の在庫が発生したというこ
とだ。」

S：「この原因は、＜労働分配率と消費財生産割合＞のところで
考察したとおりで、労働分配率が消費財生産割合よりも小さくな
った、というのが原因です。」

G：「不況がなぜ起こるのかという推移は、このように労働分配
率と消費財生産割合との関係で説明できるわけだが、この不況と

好況の推移は、賃金と消費の関係と裏腹の留保と投資の関係でも
説明できる。次章で展開しよう。」

第５章　女王ホミコの遊休剰余発生と残高

第５－１節　遊休剰余発生の原理

S：「前章で、**労働分配率の原理が好不況の推移の変動要因をき
れいに説明しているということを確認しました。**それでは、労働
分配率と裏腹の関係にある、留保と投資の動きをみてみましょ
う。」
G：「[図４－２]は、ホミコ女王２年目の好況傾向を示す付加価値
分配図だが、それと比較するために、ホミコ女王10年目の不況傾
向の場合の付加価値分配図を書いてみよう。」

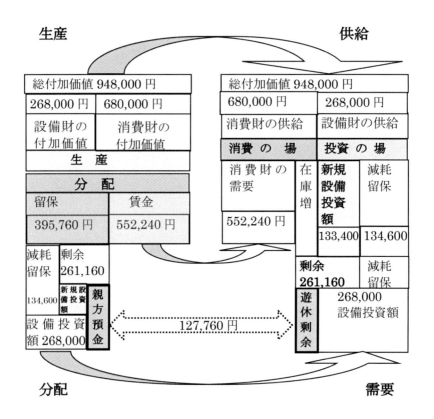

[図5-1] ホミコ女王10年目（不況傾向の付加価値分配図）

S：「[図4-2]で信用投資を黄色で表しましたが、ホミコ女王10年目　[図5-1]では、信用投資はマイナスになり、剰余過大になります。ここから剰余過大を**遊休剰余の発生**と呼ぶことにしましょう。」

G：「**遊休剰余発生額＝△信用投資**、という定義だ。」

S：「第３－４節の②式（p78）の両辺に(−1)を掛けて書き替えますと、

　　　遊休剰余発生額＝△信用投資　＝留保−設備投資額

　　　　　＝（剰余+減耗留保）−設備投資額

　　　　　＝　剰余−新規設備投資額　　　　　───②

この遊休剰余発生額を、[図５−１]の太線で囲んだピンク色のブロック:遊休剰余として、表現しています。」

G：「この遊休剰余発生額は、**留保が使われずに余った**という意味で、不況傾向のときに発生する。」

＜留保・剰余・遊休剰余＞

S：「留保とは、総付加価値のうち賃金に配られず、留保された部分という意味ですから、式で表せば、

　　　留保　＝　総付加価値　−　賃金　　　　　----───③

となります。そして、この留保のうち、**減耗留保（減価償却相当）**以外の部分を剰余と名付けました。」

G：「**剰余＝留保−減耗留保（減価償却相当）**、という式になる。」

S：「信用投資を定義した第３−４節の⑤式（P78）を再掲しますと、

　　　　信用投資＝消費財需給差　　　　　　　　─⑤再掲

　　　　　　＝消費需要額−消費財供給額

②式の△信用投資を⑤式で、置き換えると、

$$遊休剰余発生額　＝△信用投資$$
$$＝消費財供給額－消費需要額$$
$$＝消費財在庫増分　　　　　　　　　———⑥$$

となります。」

G：「②式でわかるように、**剰余が、すべて新規設備投資額に回ったら遊休剰余は発生しなかった**のだけれど、剰余分のうち設備投資に使われず余った額、**遊休剰余発生額**が生まれ、**同額の消費財在庫増分が発生**した（⑥式）ということになる。」

S：「ホミコ女王の時代の[表４－３]の信用投資残高㉒と信用投資㉑との関係をグラフにしました。」

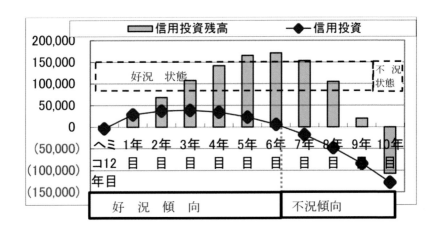

[図５－２] ホミコ女王の時代（信用投資の推移）

G：「信用投資＝消費財需給差、信用投資残高＝消費財需給差累計（貯金残）なので、[図5−2]は、[図4−4]と全く同じ図になっている。」

S：「⑤式の両辺に(−1)を掛けて書き替えると、

遊休剰余発生額＝△消費財需給差

＝消費財供給額−消費需要額

＝消費財供給過大発生額　　　　　　　　　　—⑦

という表現もできることになります。」

G：「**遊休剰余発生額＝△信用投資**、だから、まとめると。

遊休剰余発生の原理

遊休剰余発生額＞0（＝信用投資＜0）なら不況傾向、

信用投資＞0（＝遊休剰余発生額＜0）なら好況傾向を示す。

となる。」

S：「労働分配率との関係をまとめておきたいですね。」

労働分配率・遊休剰余発生の原理

　遊休剰余発生額＝留保−設備投資額＞0　　　———②

　　　が成り立つとき、つまり

　労働分配率−消費財生産割合＜0　　———⑨

　　　が成り立つとき、消費財需給差＜0　となり

　　　不況傾向となる。

G：「これが、女王の時代の労働分配率・遊休剰余発生の原理ということになる。⑨式の労働分配率が小さいと、②式の留保は大きくなり、②式の設備投資額を減らせば、⑨式の消費財生産割合は大きくなるわけで、2つの不況の不等式が成立するわけだ。」

＜信用投資低下の原理＞

S：「[図5－2]でみるように、信用投資は、1年目からプラスが続いていたのが、7年目にはゼロになり、そしてマイナスになってしまいました。」

G：「②式の両辺に（－1）を掛けると、

　　信用投資＝設備投資額－留保　　　　　　　　　-----⑩

　　この⑩式の右辺第2項：留保を、

　　留保＝総付加価値－賃金　　　　　　　　　---③式再掲

　で置き換えれば

　　信用投資＝設備投資額－（総付加価値－賃金）

　　　　　　＝設備投資額＋賃金－総付加価値　　　-----⑪

　となる。」

S：「⑪式でわかることは、好況傾向にしようと、信用投資をプラスに持っていくためには、設備投資額の増額が必要だということです。しかし、設備投資額の増額は、翌年以降の総付加価値の増額をもたらし、⑪式右辺第3項総付加価値が増えてきます。」

G：「設備投資額の増額と総付加価値の増額との関係が、年の経過とともにどう変化するかをみよう。[図5－4]で見られるように、

設備投資額が増え続けると総付加価値はどんどん大きくなってい
き、何年か経つと総付加価値が、設備投資額+賃金、を追い抜くこ
とになり、⑪式左辺の信用投資は、ゼロになる。」

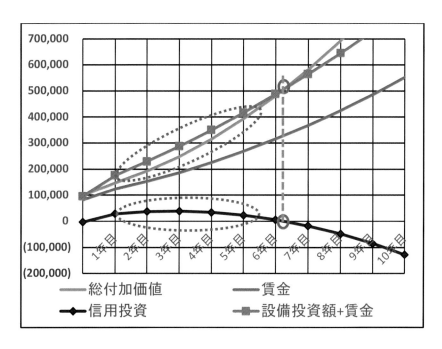

[図5－4]　信用投資低下の原理（ホミコ女王の時代）

S：「[図5－4]ではっきりとみえますが、設備投資額＋賃金と総
付加価値の2つのカーブが3年目までは離れていき、それ以降は
接近していきます。設備投資額を増やせば、設備投資の成果が生
まれますから結果として総付加価値が大きくなるからです。6年
目には、総付加価値のカーブは、設備投資額＋賃金を追い抜きそ

して離れていきます。設備投資額＋賃金と総付加価値の２つのカーブの差が信用投資ですから、信用投資はプラスからゼロになり、ゼロからマイナスになり、遊休剰余の発生となってしまいます。つまり不況傾向になります。」

G：「これが、消費財生産割合回帰の原理に対応した信用投資低下の原理だと言えるだろう。」

S：「信用投資を増やして好況を維持しようと、設備投資を続けても、信用投資は低下して、不況に戻るということですね。」

第５－２節　遊休剰余残高の原理

G：「さて、以上はフローの関係だが、残高の関係をみるとどうなるだろう。」

S：「第１節の②式を再掲します。

　　遊休剰余発生額＝△信用投資＝留保－設備投資額—②（再掲）

　　　　　　　＝（剰余+減耗留保）－設備投資額

　　　　　　＝剰余　－（設備投資額－減耗留保）

この式の両辺の累積は等しいですから、

　　遊休剰余残高＝△信用投資残高

　　　　　　　＝剰余残高－償却後期末設備残高-----⑫」

G：「⑥式の等式の左右両辺の累積が等しいと置くと、

　　遊休剰余残高＝△消費財需給差累積

　　　　　　　＝（消費財供給額－消費需要）の残高

　　　　　　　＝　消費財在庫残高　　　　　　　　——⑬

となる。」

S：「償却後期末設備残高よりも剰余残高が大きくなった状態が、遊休剰余残高がプラスの状態で、消費財在庫残高が存在し、**不況状態**ということになります。」

G：「言いかえれば、**賃金に分配された残りの剰余が、設備投資に使われずに余り、遊休剰余残高が生まれること**が、不況状態ということになる。」

S：「遊休剰余残高が生まれるということは、消費財需給差累積がマイナスになるということと裏腹の関係です。」

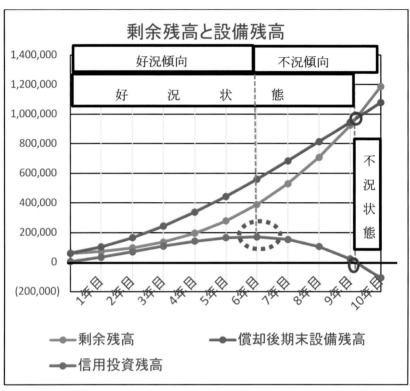

剰余残高と設備残高

好況傾向 — 不況傾向

好　　況　　状　　態

不況状態

1年目 2年目 3年目 4年目 5年目 6年目 7年目 8年目 9年目 10年目

— 剰余残高　　　— 償却後期末設備残高
— 信用投資残高

[図5－5]　ホミコ女王の時代（剰余残高と設備残高の推移）

S：「このグラフの償却後期末設備残高は、設備投資額から減耗留
保を引いた部分の累計残高です。」

G：「第3－5節でみた

　　信用投資残高＝償却後期末設備残高－剰余残高····⑩（再掲）
から、

　　償却後期末設備残高＝剰余残高＋信用投資残高
になる。」

114

S：「[表4－3]の下部分を再掲して、見てみましょう。」

	ヘミコ12年目	ホミコの時代			
		1年目	2年目	7年目	10年目
㉒ 剰余残高	57,450	71,200	96,000	529,600	**1,185,400**
㉓ 信用投資残高	3,050	31,800	68,800	153,200	**▲ 107,400**
㉔ 期末設備残高（取得費評価）	95,000	142,000	212,000	907,000	1,600,000
㉕ 償却後期末設備残高㉔－⑰	60,500	103,000	164,800	682,800	**1,078,000**

ホミコ女王の時代推移：[表4－3]の下部分を再掲

S：「償却後期末設備残高（＝剰余残高＋信用投資残高）は10年目には、1,078,000 円です。[表4－3]の㉓信用投資残高は、投資額から減耗留保と親方の剰余とを引いたものの累計で、10 年目には△107,400 円（[表4－3]㉓）になっています。」

G：「10 年目には、信用投資残高が赤字なっている、つまり、遊休剰余残高が発生し、不況状態になっているということだ。」

S：「信用投資残高がマイナスになる 10 年目が不況状態ですから、消費財在庫がある状態となっています。」

G：「第3－5節の最後の＜剰余残高と設備残高＞のところで考察したように、**剰余残高が設備残高より大きくなることが、不況状態の原因なのだということが、数値で確認できる。**」

S：「**不況状態にしないためには、設備残高以上に剰余残高を増やしてはいけないのですね。**」

G：「繰り返すことになるが、**設備投資をしないのに不必要な剰余をつくってはいけない**ということ、つまり適正な労働分配率を維持することだ。原理としてまとめよう。」

　　　　　　遊休剰余残高の原理
　遊休剰余残高＞0（つまり信用投資残高＜0、消費財需給差累積＜0）になるとき、が不況状態である。
　信用投資残高＞0（つまり遊休剰余残高＜0、消費財需給差累積＞0）になるとき、が好況状態である。

S：「不況**傾向がフロー**の用語で、遊休剰余発生の原理で使われ、不況**状態が残高**の用語として、遊休剰余残高の原理で使われます。この遊休剰余残高の原理は、労働分配率の原理の残高の場での表現だといえます。この原理は、この節冒頭の⑫⑬式を文章化したものです。」

G：「すでに第3－4節の最後で

　　　信用投資残高＝消費財需給差累積　　　　----⑦

　　　　　　だということを確認した。**遊休剰余残高の原理**と労働分配率の原理との関係を、整理する必要がある。」

S：「労働分配率の原理というフローの関係を、残高の関係で表現すれば、消費財需給差累積＞0が好況状態を示し、消費財需給差累積＜0が不況状態を示す、ということになります。」

G：「まとめておこう。」

116

好不況状態の整理

消費財需給差累積＞0、つまり信用投資残高＞0
になるとき、が好況状態である。
消費財需給差累積＜0、つまり遊休剰余残高＞0
になるとき、が不況状態である。

S：「ホミコ女王は引退し、新しく就任したマミコ女王が、不況対策をしなければならなくなりました。」

G：「ここまでの考察を活かして、マミコ女王のために、不況状態の打開策を、考えてみよう。」

第6章　女王マミコの選択Ⅰ
需給差改善投資額⇒再破綻

G：「新しく就任した**マミコ女王は**、前女王ホミコの１０年目に
できた**大きな在庫をゼロにして、不況から脱却しなければならな
かった**。新女王マミコは、まず第１に、窯造り親方の**生産性を上
げる**こととし、前女王ホミコの時代は20人で年１基の窯を作り上
げていたのを、10 人で年１基の窯を作るように指示した。これが
マミコ女王の第１の政策だった。」

Ｓ：「10 人の労働者ということは、１人 90 円の賃金ですから、１
人の親方は、900 円の賃金を支払うことになります。それで 2,000
円の窯を作るわけですから、賃金 900 円÷付加価値 2,000 円＝
45％が窯造り親方の労働分配率になります。ヘミコ女王のときの
窯造り親方の労働分配率は、90％の労働分配率でしたから、半分
になります。」

G：「生産性を上げると労働分配率は下がるということになる。
生産性と労働分配率は裏腹の関係にある。この政策は、好況傾向
を作ろうとする政策ではない。」

Ｓ：「一方、かわらけ作り親方の労働分配率は、1,000 円のかわら
けを、5 人×90 円＝450 円の賃金で作ることに変化はありません
から、賃金 450÷付加価値 1,000 円＝**45％の労働分配率**です。窯
造り親方とかわらけ作り親方の労働分配率は同じになりました。
第 1 の政策は、生産性の向上と労働分配率の統一ということにな
ります。」

Ｇ：「肝心なことは、不況から脱却するための政策だ。経済の基本的な原理を使って、不況からの脱却の方策を考えてみよう。」

＜不況からの脱却の方法：選択Ⅰ---投資の増加＞

Ｓ：「不況からの脱却の方法として、2 つの発想が考えられます。一つは、労働分配率の原理からの発想で、労働分配率を上げて好況傾向にするという案です。もう一つの発想は、前章でまとめた**遊休剰余発生の原理**から考えた好況化の方法です。これは、信用投資をプラスにして、好況傾向にするという案です。」

Ｇ：「後者の**遊休剰余発生の原理**の発想からまず考察することとしよう。**遊休剰余発生の原理は、信用投資＞0（＝遊休剰余発生額＜0）なら好況傾向を示す、というものだった。**この信用投資を増やすという政策を選択Ⅰのシミュレーションとして検討しよう。」

Ｓ：「信用投資を増やすということは、設備投資を増やすことです。女王の時代には、設備財の生産つまり窯造り親方を増やすことです。」

Ｇ：「いくらの設備投資をすれば、いいのかを考えるために、第3－4節⑤式(p79)、⑥式(p79)、第5－1節③式(p106)をもってこよう。

　　信用投資＝消費財需給差　　　　　　　───────⑤

　　消費財需給差　＝　**設備投資額　－　留保**　───⑥

　　留保　＝　総付加価値　－　賃金　　　　───③

119

まず、設備投資額を X 円とすれば、賃金と総付加価値は予定計算ができるから、③式より留保が決まる。留保が決まれば、X と留保から⑥式により消費財需給差（＝信用投資）が決まる。」

S：「前年から繰り越される赤字の消費財需給差累積（＝△信用投資残高＝遊休剰余残高）の絶対値よりも大きい消費財需給差が生まれれば、消費財需給差累積はプラスになり、好況状態が作れることになります。」

＜好況状態にするための需給差改善投資額＞

G：「需給差改善投資額を算出するための窯造り親方の数、つまり、必要な投資額を算出するための算式を作ろう。」

S：「 前女王ヘミコの 10 年目の消費財需給差累積は、△107,400 円（[表４－３]）です。これは需要が 107,400 円過少の不況状態だということですから、好況状態にしようと思えば、この消費財需給差累積のマイナスを、1 年目の消費財需給差額で消してしまわなければなりません。」

G：「ここで、**消費財需給差累積をゼロにするための、必要な設備投資額を X 円**として、話を進めることとする。」

S：「設備投資額Xは窯造り親方の付加価値生産額ということになります。そうすると、X×労働分配率が、窯造り親方の支払賃金になり、X－X×労働分配率＝X×(1－労働分配率）、が窯造り親方の留保になります。親方全体の留保は、

　留保＝窯造り親方の留保＋かわらけ作り親方の留保

$$=X×（1－労働分配率）$$

$$＋かわらけ付加価値生産額×（1－労働分配率）$$

$$=(X ＋かわらけ付加価値生産額)×(1－労働分配率) \cdots ⑦$$

という式が成り立ちます。」

G：「⑥式の右辺第2項：留保を⑦式で置き換えればいい。」

S：「⑥式の右辺第1項：設備投資額を⑦式で置き換え、かわらけ付加価値生産額を消費財付加価値と書き替えると、

消費財需給差＝X－｛(X＋消費財付加価値)

$$×（1－労働分配率）｝$$

$$=X－X＋X×労働分配率$$

$$－消費財付加価値 ×（1－労働分配率）$$

$$=X×労働分配率－消費財付加価値×（1－労働分配率）$$

となり、さらにこれを書き替えると、

X×労働分配率

$$＝消費財需給差＋消費財付加価値×(1—労働分配率)$$

となります。この式の両辺を労働分配率で割ると

X＝{消費財需給差＋消費財付加価値×(1—労働分配率)}

÷労働分配率 ⋯⑧

となります。」

G：「消費財付加価値と労働分配率は、前年度において既に予測のつく数値なので、必要な投資額 X は、前年度において予測出来ることになる。これで、算式は出来上がったわけだ。」

S：「**前年度での需給差累積のマイナスを、当年度の消費財需給差で消してしまえば、不況状態は解消することになりますから、**⑧式の消費財需給差に、前年度の需給差累積に（－1）をかけた

数値を代入すれば、消費財需給差累積をゼロにする**需給差改善投資額Xが、求められる**ことになります。」

G：「第4章［表4－3］で、ホミコ女王の10年目の⑫消費財需給差累積は△107,400円だ。この需給差累積がゼロになるような、**需給差改善投資額Xは、⑧式の消費財需給差に、107,400円を代入すれば求められる。**」

		ホミコ10年目	マミコ女王の時代　選択Ⅰ）		
			1年目	2年目	3年目
①	かわらけ親方増	122	134	609	845
②	かわらけ親方減	13	14	26	38
③	かわらけ親方数	680	800	1,383	2,190
⑤	窯造り親方数	134	609	845	1,338
⑥	労働者数	6,136	**10,090**	15,365	24,330
⑨	労働分配率	58.25%	45.0%	45.0%	45.0%
⑦	賃金	552,240	908,100	1,382,850	2,189,700
⑩	消費財付加価値	680,000	800,000	1,383,000	2,190,000
⑬	消費財需給差累積（貯金残）	−107,400	700	550	250
	需給差改善投資額		1,216,445	1,688,778	2,675,445

［表6－1］

S：「④窯造り親方数は、ホミコ女王10年目では、134人ですから、その翌年度のマミコ女王1年目のかわらけ作り親方数の増加数は134人で、引退するかわらけ作り親方数は、ホミコ女王1年

目に就任したかわらけ作り親方14人です。マミコ女王1年目のかわらけ作り親方数＝680+134−14＝800 人となります。1 親方のかわらけ作り付加価値は、1,000 円ですから、かわらけ付加価値(＝消費財付加価値)は、1,000×800＝800,000 円となります。消費財需給差＝107,400 円、消費財付加価値＝800,000 円、労働分配率＝45％を、⑧式に代入すると、

　需給差改善投資額 X ＝（107,400+800,000 × 55％）／ 45％
　＝1,216,444 円

窯造り親方1人当り生産額は 2,000 円だから、1,216,444／2,000 ＝608.2 となり、609 人の窯造り親方が必要だという結果が出ました。

これで、赤字の需給差累計を単年度で解消するために必要な投資を求める算式ができました。」

G：「⑧式の **X** を、**需給差改善投資額**と書き直して、

　需給差改善投資額
　＝｛需給差改善額＋消費財付加価値×（1―労働分配率）｝
　　　　　　　　　　　　　÷労働分配率　　　---⑨

ということになる。」

S：「この**需給差改善投資額**で、不況状態は解消できるということになります。この式をみると、**需給差改善投資額は、労働分配率によって大きく左右される**ことがわかります。」

G：「そのとおりだ。この関係をもう少し見てみよう。
留保対賃金倍率＝(1―労働分配率)÷労働分配率　　-------⑩
と定義すれば、

　需給差改善投資額＝需給差改善額÷労働分配率

＋消費財付加価値×留保対賃金倍率　-------⑪

となる。」

S：「**留保対賃金倍率**と**労働分配率**との関係をグラフで表すと、[図６－２]の様になります。労働分配率を横軸にしたグラフですが、労働分配率が低い左方向へいくと留保対賃金倍率は高くなります。**労働分配率が低いと、需給差改善投資額はおおきくなり、多額の投資をしなければ需給差累積を改善できなくなります。逆に、労働分配率が高ければ、より少ない投資で需給差累積を解消し好況へと変わることが出来ます。　**」

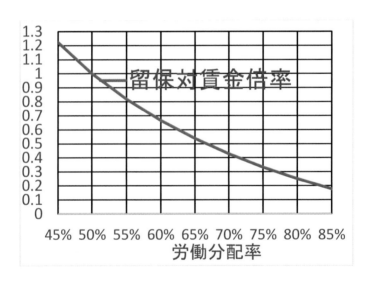

［図６－２］留保対賃金倍率

G：「それでは、需給差が改善された後に、それを維持するためには毎年いくらの投資をすればいいのか。」

S：「需給差を維持するということは、前年の需給差累積は改善されて、ゼロになっているということで、⑪式右辺第1項の需給差改善額はゼロ、ということになります。⑪式は、

　　需給差維持投資額＝消費財付加価値×留保対賃金倍率---⑫
となります。」

G：「⑫式は、[図6－2]で表されているグラフのように、需給差維持投資額が、労働分配率によって大きく変わるということを示している。」

S：「**労働分配率が低いと、需給差維持投資額はおおきくなり、多額の投資をしなければ消費財需給差＞0（好況傾向）を維持できなくなります。逆に、労働分配率が高ければ、より少ない投資で消費財需給差＞0（好況傾向）を維持出来ることになります。**」

＜選択Ⅰ---需給差改善・維持投資額の継続実行＞

　G：「マミコ女王の選択Ⅰの政策は、**需給差改善投資額**の実行で、1年目の窯造り親方を 609 人に増員し、設備財（窯）の付加価値を 1,218,000 円にするというものだった。窯造り親方の増員で好況状態になった図を作ろう。」

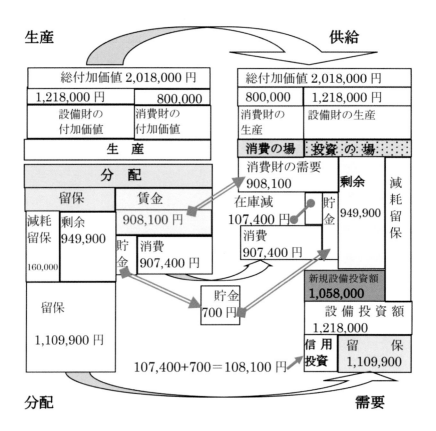

[図6－3] マミコ1年目選択Ⅰ（付加価値分配図：好況傾向）

S：「ホミコ女王 10 年目の[遊休剰余]（[図5－1]）のブロック
が消え、マミコ女王の1年目の図 [図6－3] では [信用投資]の
ブロックが生まれました。供給過大が消えて、[図6－3]では
108,100 円の消費財の需要超過（：好況傾向）が生まれました。」

G：「前女王ホミコの 10 年目の△需給差累積つまり在庫は 107,400 円だった。マミコ女王 1 年目に消費財需給差 108,100 円が発生したので、在庫はなくなり好況状態になり、余った賃金の差額の 700 円は、労働者の貯金になった。」

G：「設備財の生産は、2,000×609＝1,218,000 円だから、生産した設備をフルに使う設備投資をするためには留保 1,109,900 円の資金だけでは不足する。108,100 円の信用投資（：留保以外の設備投資額）が必要になる。」

S：「在庫の減少 107,400 円+貯金発生 700 円＝108,100 円が、この信用投資と対応し、等しい金額となります。」

G：「さて、マミコ女王の 1 年目は、これで解決したとして、2 年目の投資はどうなるか。」

S：「⑫式を使えば、2 年目以降に必要な需給差維持投資額が同じように計算できます。［表 6 － 4］ 選択 I 、を作りました。［表 6 － 4]の④需給差改善・維持投資額の行は、1 年目はホミコ女王 10 年目の消費財需給差累積の赤字を解消するための需給差改善投資額を、2 年目以降は需給差維持投資額を表示しています。」

		ホミコ10年目	マミコ女王の時代 選択Ⅰ）			
			1年目	2年目	8年目	11年目
③	かわらけ親方数	680	800	1,383	22,763	94,579
④	需給差改善・維持投資額		1,216,445	1,690,334	27,821,445	115,596,556
⑤	窯造り親方数	134	609	846	13,911	57,799
⑥	労働者数	6,136	**10,090**	15,375	**252,925**	**1,050,885**
⑦	賃金	552,240	908,100	1,383,750	22,763,250	94,579,650
⑧	総付加価値	948,000	2,018,000	3,075,000	50,585,000	210,177,000
⑨	労働分配率	58.25%	45.0%	45.0%	45.0%	45.0%
⑩	消費財付加価値	680,000	800,000	1,383,000	22,763,000	94,579,000
⑪	消費財生産割合	71.73%	39.64%	44.98%	45.00%	45.00%
⑫	消費財需給差	−127,760	108,100	750	**250**	**650**
⑬	消費財需給差累積（貯金残）	−107,400	700	1,450	3,750	5,250
⑭	設備投資額	268,000	1,218,000	1,692,000	27,822,000	115,598,000
⑯	減耗留保	134,600	160,000	276,600	4,552,600	18,915,800
⑰	減価償却累計残高	522,000	630,000	830,600	11,276,200	47,532,200
⑱	剰余	261,160	949,900	1,414,650	23,269,150	96,681,550
⑳	剰余残高	1,185,400	2,135,300	3,549,950	61,848,050	256,000,550
㉒	信用投資残高	−107,400	700	1,450	3,750	5,250
㉔	期末設備残高（取得費評価）	1,600,000	2,766,000	4,382,000	73,128,000	303,538,000
㉕	償却後期末設備残高㉔−⑰	1,078,000	2,136,000	3,551,400	61,851,800	256,005,800
㉖	年成長倍率	1.16	2.13	1.52	1.60	1.61

［表６−４］　選択Ⅰ（労働分配率45％）

G：「⑭設備投資額は、１年目は**需給差改善投資額（⑪式）で計算**した額だ。大きな額となっている。その結果、⑬消費財需給差累積（貯金残）は、１年目でプラスになり、好況状態に変わっている。」

S：「選択Ⅰの２年目から採用した、需給差維持投資額（好況を維持するための設備投資額）のグラフを作りました。」

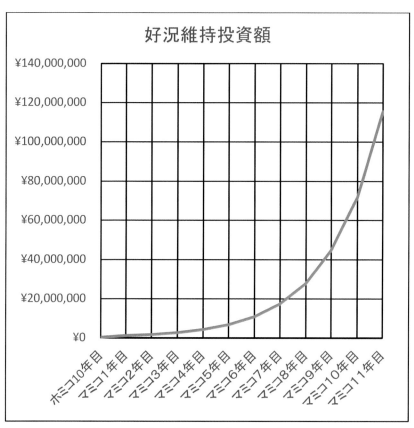

[図６－５]　選択Ⅰ（労働分配率 45%）

G：「好況を維持するためには、投資額は、直線的に増加するのではなくて逓増して増加する必要がある。」

S：「しかし、このグラフの増加率は、尋常なものではありません
ね。」

G：「その増え方を左右するのが留保対賃金倍率つまり、労働分
配率になる。」

S：「このマミコ女王の政策Ⅰから言えることは、⑪⑫式の需給差
改善・維持投資額だけ投資をすれば、需給差をゼロにし好況を維
持することは確かに出来るということです。**投資を増やせば、需
給差を維持することが出来ることはわかりました。**」

G：「**しかし、総付加価値の対前年の増加率つまり成長率に問題
がある**。労働分配率が 45％の場合、需給差を維持すると毎年 **1.5
倍以上の成長率**になっているということが、［表6－4］でわかっ
た。」

S：「そのような高い成長率を続けることが出来る状態は考えられ
ません。」

G：「労働分配率が低いままでは、需給差維持投資額で必要とさ
れる成長率を支えるためには、高い労働人口の増加が必要とされ、
その限界で破綻が起きる。生産性を上げて必要な労働人口を抑え
ることができたとしても、好況維持に必要とされる労働人口の増
加を続けることは不可能だ。」

S：「選択Ⅰの労働分配率 45％の場合、好況を維持するためには、
［表6－4］の表でみるように、11 年目には労働者数が 100 万人を
はるかに超えてしまいました。11 年間で労働者数が 100 倍以上な
ってしまいました。この調子でいけば、どんな国でも人口の限界
で破綻します。」

G：「この選択Ⅰのシミュレーションを、現実の政策として採用するわけにはいかない。**労働分配率を45%のままで、設備投資額を増やし続けて好況を維持するという政策は、選択できない**、ということが分かる。」

S：「労働分配率を、少し上げて 55%にしたらどうなるでしょう。選択Ⅰの労働分配率だけを変えた場合と比較してみました。」

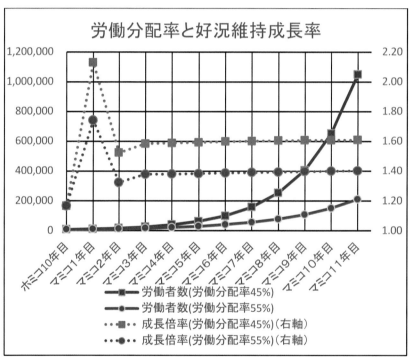

[図6−6] 選択Ⅰ （労働分配率 45%・55%）

G：「労働分配率を５５％にした場合、好況を維持するための労働者の人数は、少し抑えることができたが、労働分配率 55％でも、好況維持のための成長倍率が毎年1.4倍という結果になる。この倍率で成長することは、生産性を少々上げてみても労働人口の増加がついていけないために不可能だ。経済は破綻してしまう。労働分配率をもっと上げる必要があるようだ。」

S：「この章で検討したものを、選択Ⅰと名づけ、新しい選択Ⅱを次章で、検討しましょう。」

第7章　女王マミコの選択Ⅱ
——労働分配率アップ：好況へ

S：「マミコ女王の選択Ⅰの政策は、設備投資の増大という手法でした。これは、遊休剰余発生の原理から発想した政策でした。もう一つの原理、労働分配率の原理からの発想を展開してみましょう。**労働分配率−消費財生産割合＞0、にすれば好況傾向になる、**というのが労働分配率の原理でした。」

G：「ここでも２つの選択が考えられる。１つは消費財生産割合を下げるという発想だ。消費財生産割合を下げれば、好況傾向になる。」

S：「消費財生産割合＝消費財付加価値÷（消費財付加価値＋設備財付加価値）、ですから、消費財付加価値よりも設備財付加価値をより大きく増大させれば、消費財生産割合を下げれることになります。これは、選択Ⅰの方式で、信用投資を増やすという方式と同じです。この方法はダメでした。」

G：「**そうすると、もう１つの選択、労働分配率を消費財生産割合より上げるという発想**になる。シミュレーションをしてみよう。」

S：「かわらけ作り親方の支払う賃金は、マミコ女王の時代は１人当り 90 円でしたが、これを１人当りの賃金を 159 円にし、159×5＝795 円を支払賃金とすると、売上は 1,000 円で、減耗分の借入金の返済に 200 円必要ですから、1,000−795−200＝ 5 円の剰余を

かわらけ作り親方の手許に残すことが出来ます。労働分配率は**79.5%**となります。」

G：「かわらけ作り親方の労働分配率を 80%にすると、200 円の返済後、剰余が残らなくなってしまうから、79.5%が限界だろう。窯親方の労働分配率はどうなる。」

S：「窯親方の付加価値は 2,000 円、労働者数は 10 人です。賃金をかわらけ作り親方と同じ 1 人 159 円にすると、労働分配率は、159 円×10 人／2,000 円＝79.5%、となり、窯親方の剰余は、2,000×20.5%＝ 410 円となります。」

G：「マミコ女王の選択 II として採用できる労働分配率は 79.5%ということになるようだ。その案でシミュレーションをしてみよう。」

		ホミコ10年目	マミコ女王の時代　選択Ⅱ）		
			1年目	8年目	11年目
③	かわらけ親方数	680	800	1,430	1,648
④	需給差改善 ・維持投資額		341,384	368,743	424,956
⑤	窯造り親方数	134	171	185	213
⑥	労働者数	6,136	**5,710**	**9,000**	**10,370**
⑦	賃金	552,240	907,890	1,431,000	1,648,830
⑧	総付加価値	948,000	1,142,000	1,800,000	2,074,000
⑨	労働分配率	58.25%	79.50%	79.50%	79.50%
⑩	消費財付加価値	680,000	800,000	1,430,000	1,648,000
⑪	消費財生産割合	71.73%	70.05%	79.44%	79.46%
⑫	消費財需給差	−127,760	107,890	**1,000**	**830**
⑬	消費財需給差累積 貯金残）	−107,400	490	5,425	8,650
⑭	設備投資額	268,000	342,000	370,000	426,000
⑯	減耗留保	134,600	160,000	286,000	329,600
⑰	減価償却累計残高	522,000	630,000	1,261,400	1,353,600
⑱	剰余	261,160	74,110	83,000	95,570
⑳	剰余残高	1,185,400	1,259,510	1,743,175	2,017,750
㉒	信用投資残高	−107,400	490	5,425	8,650
㉔	期末設備残高（取得費評価）	1,600,000	1,890,000	3,010,000	3,380,000
㉕	償却後期末設備残高㉔−⑰	1,078,000	1,260,000	1,748,600	2,026,400
㉖	**成長率**	16.3%	20.5%	5.7%	4.4%

［表７−１］　選択Ⅱ（労働分配率 79.5%）

S：「まず、親方の労働分配率を 79.5％と変えてしまった選択Ⅱ
の場合の 1 年目の窯造り親方の数を、前章の需給差改善投資額
（⑪式）によって、求めます。」

G：「前章⑪式（p123）の需給差改善投資額に、労働分配率79.5％を入れて求めた、1年目の窯造り親方の数は、[表7－1]の5行目のように、171人となった。」

S：「この労働分配率79.5％の選択Ⅱの需給差改善投資額の171人は、労働分配率45％の選択Ⅰの場合の609人（[表6－4]）と比べると、格段に少なくなっています。労働分配率を高くすれば、少ない設備投資額で好況対策ができるということが確認できます。」

G：「そのことは、[図6－2]の労働分配率と留保対賃金倍率のグラフをみると納得がいく。」

S：「2年目以降の④需給差改善・維持投資額は、⑫式（p124）の需給差維持投資額をもってきました。」

G：「選択Ⅰでは150％を超えていた成長率に対して、選択Ⅱの場合は、[表7－1]の様に、1年目でも20.5％に抑えることができ、9年目以降は、5％ぐらいの増加率に抑えることができた。」

S：「[図6－6]に、労働分配率79.5％の曲線を追加したのが、[図7－2] です。選択Ⅱ（労働分配率79.5％）では、好況維持成長率（成長倍率）もぐっと抑えられたことがよくわかります。」

G：「労働分配率を低く抑えたことで、**安定した好況成長路線の形が作れた**。設備減耗留保（＝減価償却）分の留保以外に、若干の剰余が確保出来、それを新規設備投資に回せば、資金が不足することもなく経済成長が達成できることになる。中央銀行も追加の資金を特に必要とされない。」

S：「理想的な経済ですね。労働分配率を上げて、後は需給差維持投資額の方程式を使って、投資を増やしていけば、安定した経済

が出来上がりました。これで、単年度の需給バランスは回復して、累積の供給過大もなくなりました。」

G：「素晴らしい政策だね。**これで、経済政策の正解が出たといえるだろう。**」

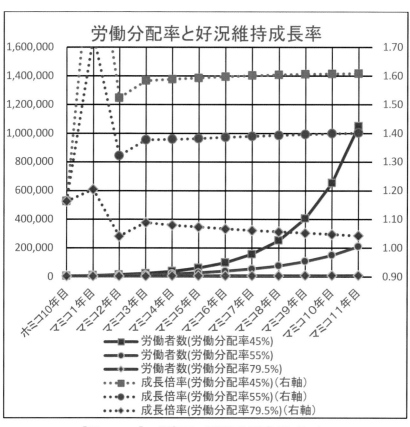

[図7－2]　選択Ⅱ（労働分配率 79.5%）

137

S：「マミコ女王は、この選択Ⅱを政策として採用しました。そして、かわらけ王国は、行く末長く破綻のない経済が続きました。めでたし　めでたし。ということになるのでしょうか。」

G：「そういうことだ。これで、かわらけ王国の女王の時代の考察は終わってもいいことになる。しかし、選択Ⅱのようなドラスティックな政策以外の対応も、次章で考察してみよう。」

第８章　女王マミコ選択Ⅲ

第８－１節　選択Ⅲ（漸進的対応）

G：「マミコ女王の選択Ⅰは、労働分配率45％のままで、需給差改善投資額という大きな設備投資をして、一挙に消費財需給差累積を解消し、２年目以降も需給差維持投資額の大きな投資を続けるという選択だったが、毎年1.6倍という成長率を維持するなどということは不可能だということで破綻する政策だった。」

S：「マミコ女王の選択Ⅱは、労働分配率を一挙に79.5％に上げ、需給差改善投資額というある程度大きな設備投資をして、需給差累積を解消したのち、２年目から安定的な需給差維持投資額を実行することで、好況を続けることができました。これが正解だということです。」

G：「しかし、一挙に労働分配率を上げることは、実現性が困難だ。社会的合意の面で現実的とは言い難い。**漸進**的な対応での選択も検討してみよう。」

S：「労働分配率を一挙に、上げるのではなく、徐々に上げていくという方策ですと、前年までにできた消費財需給差累積を一挙に解消することができません。不況状態は続きます。」

G：「不況状態から、すぐに脱却できなくても、好況傾向に近づき続ければ、何とか経済に希望を与えることができるだろう。大きな不況におちいったとき、ドラスティックな解決策を取ること

ができず、漸進的な方法しか取れない場合もある。その場合の政策も考えておかねばならないだろう。」

S：「それでは、徐々に好況を目指すという**漸進**的選択を考えてみます。かわらけ作り親方と窯造り親方との、それぞれの表を作ってみましょう。」

G：「**労働分配率を年２％ずつ改善**して、１年目：６１％；２年目６３％；３年目：６５％という様に、少しずつ上げていく、一方で**労働生産性も毎年４％ずつアップする**という政策だ。そして、かわらけ作り親方の各親方の労働者数は、すべて４人とし、窯造り親方の労働者数は８人とすることにした。」

	かわらけ作り親方 ： 1親方当り		ホミコ女王10 年目	マミコ女王選択Ⅲ		
				1年目	8年目	9年目
かわらけ作り親方：1親方	①	労働者数	5.08	4	4	4
	②	労働生産性（円/人）	197	205	270	281
	③	付加価値＝売上	1,000	820	1,080	1,124
	④	目標労働分配率		61.0%	75.0%	77.0%
	⑤	1人当り賃金（円）	90	125	203	216
	⑥	支払賃金（円）	457	500	812	864
	⑦	労働分配率	45.7%	61.0%	75.2%	76.9%
	⑧	留保＝③－⑥	543	320	268	260
	新親方	⑬ 窯1基の値段⑬ ＝借入金	2,000	1,640	2,160	2,248
		⑨ 減耗留保＝年間返済 （10年返済）	200	164	216	225
		⑩ 剰余＝③－⑧－⑨	257	336	596	639

[表８－１] 選択Ⅲ：漸進的対応（かわらけ作り親方１人）

		窯造り親方：1親方当り	ホミコ女王10年目	マミコ女王選択Ⅲ		
				1年目	8年目	9年目
窯造り親方:1親方	⑪	労働者数	20	8	8	8
	⑫	労働生産性(円/人)	100	205	270	281
	⑬	付加価値＝売上	2,000	1,640	2,160	2,248
	⑤	1人当り賃金(円)	90	125	203	216
	⑮	支払賃金(円)	1,800	1,000	1,624	1,728
	⑲	労働分配率	90.0%	61.0%	75.2%	76.9%
	⑳	剰余＝留保＝⑬－⑮	200	640	536	520

［表8－2］選択Ⅲ：漸進的対応（窯造り親方1人）

	ホミコ女王10年目	マミコ女王選択Ⅲ		
		1年目	8年目	9年目
⑲ 労働分配率	58.3%	61.0%	75.2%	76.9%
㉑ かわらけ作り親方数	680	800	1,749	1,921
需給差改善投資額		595,475	1,711,715	1,712,905
㉒ 需給差改善窯造り親方数		364	793	762
需給差維持投資額		419,410	629,640	644,957
㉓ 需給差維持窯造り親方数		256	292	287
㉔ 年+10%増窯造り親方数	134	147	282	310
㉕ 窯造り親方数	134	147	282	310
㉖ 労働者数 ×㉑+⑪×㉕ ①	6,136	4,376	9,252	10,164
㉗ 賃金⑤×㉖	552,240	547,000	1,878,156	2,195,424
㉘ 総付加価値	948,000	897,080	2,498,040	2,856,084
㉙ 消費財付加価値 ③×㉑	680,000	656,000	1,888,920	2,159,204
㉚ 消費財需給差 ㉗-㉙	▲ 127,760	▲ 109,000	▲ 10,764	**36,220**
㉛ 消費財需給差累積	**▲ 107,400**	▲ 216,400	▲ 822,320	▲ 786,100
㉜ 設備投資額 ⑬×㉕	268,000	241,080	609,120	696,880

［表8－3］選択Ⅲ：漸進的対応（全親方）

S：「そして、窯造り親方数を、年+10%増の窯造り親方数㉔で増やすことで、労働人口の増加を抑えましたが、毎年労働分配率を増やしていきましたから、［表8－3］の様に、9年目には、労働分配率76.9％、消費財需給差㉚が黒字36,220円になり、好況傾向にすることはできました。9年目には、㉓需給差維持窯造り親方

数よりも、㉕窯造り親方数が大きくなったので、消費財需給差㉚が黒字になったのです。参考のために、㉓需給差維持窯造り親方数と㉒需給差改善窯造り親方数を表に表しました。」

G：「消費財需給差㉚は黒字になり好況傾向になったが、消費財需給差累積㉛は赤字の、不況状態のままで、黒字にはすることができていない。」

S：「ホミコ女王１０年目のように消費財需給差が極度に悪化してしまった場合には、不況状態を徐々に解決しようとする暫定的解決策だけでは、不況状態から脱却することはできなかったということです。これでは、永い不況状態が続くことになります。」

G：「暫定的解決策で不況状態から脱却するためには、追加の特別なアクションが必要だということになる。」

S：「どんな方法があるのでしょうか。」

G：「その強力なアクションを、マミコ女王の政策の、選択Ⅲ－２シミュレーションとして考えてみよう。」

第8－2節　選択Ⅲ-2　(福祉国債の発行)

G：「強力なアクションとは、**かわらけの在庫を、女王が、買い取って、国民に配ってしまう**というものだ。これは、**福祉給付**とでもいえばわかりやすいかな。」

S：「女王がその福祉給付の政策をするための原資は、どこから捻出するのですか。」

G：「中央銀行からその原資を借りるしかないだろう。女王の**福祉国債**として中央銀行から借金をして、不良在庫を一挙に解消するんだ。」

S：「しかし毎年そんなことをしていたら、借金がどんどん溜まってしまうでしょう。」

G：「確かに、福祉給付として、過剰のかわらけの買い上げをするために、中央銀行から借りてくれば、その借金つまり国債残高は増えていく。国債という中央銀行からの借金を**解消するためには、税**として、親方の剰余預金を吸い上げる方法を考えなければならないだろう。」

S：「[表8－3]のホミコ女王 10 年目の㉜消費財需給差累積をみると、△107,400 円となっています。かわらけが 107,400 個在庫で残っているということです。この在庫を、マミコ女王が 1 年目から福祉給付のために、買い取るのですね。」

G：「そうだ。まず 1 年目に、在庫の内 100,000 個を買い取って国民に配ってしまう。めぐまれない人に無料で渡すのだ。」

S：「マミコ女王 1 年目に㉛消費財需給差累積、△107,400 円の内100,000 円を買い上げますが、残りは翌年へ繰り越されます。」

G：「マミコ女王 1 年目には、消費財需給差 △109,000 円（[表 8 － 4]㉚）が発生するから、 消費財需給差累積は、△107,400 ＋ △109,000 ＝ △216,400：（[表 8 － 4] ㉛ 1 年目）、となる。」

S：「女王は、資金 100,000 円を、国債として中央銀行から借りることにより消費財を買い取るのですから、㉝差引消費財需給差累積は、△216,400+100,000=△116,400 円となります。」

G：「2 年目の、㉒需給差改善投資額（第 6 章⑪式 p123）の計算のときに使う、需給差改善額は、 1 年目の㉝差引消費財需給差累計の値 116,400 を使うことになる。

　そして 2 年目も、100,000 円の国債を発行し、その資金で福祉給付を行うために消費財を買い取るという政策を行う。」

S：「1 年目から繰り越された△116,400：（[表 8 － 4①] ㉝ 1 年目）の差引消費財需給差累積は、 2 年目の、㉚消費財需給差△118,444 の発生により増えて、㉛消費財需給差累積は、△234,844 になり、㉝差引消費財需給差累積は、△134,844 円になります。」

G：「国債の発行は何年か続けなければならない。」

S：「返済の原資として、税金を集める必要があります。」

G：「税金は、親方の剰余預金に課税することにした。**前年の剰余残高に対して 4％課税するという、剰余残高税を徴収し、その税収で国債を償還するという方法**を使って、税金を徴収することにした。」

		マミコ女王選択Ⅲ－3		
		8年目	9年目	10年目
㉑	かわらけ親方数	1,749	1,921	2,099
㉒	需給差改善・維持投資額	**778,381**	**673,944**	651,700
㉓	需給差改善・維持窯造り親方数	361	**300**	**279**
㉔	+10%増窯造り親方数	**282**	310	322
㉔	窯造り親方数　㉓or㉔の小さい方	282	300	279
㉕	労働者数	9,292	10,028	10,812
㉖	賃金	1,878,156	2,178,144	2,455,068
㉗	労働分配率	74.9%	77.3%	77.8%
㉘	消費財付加価値	1,888,920	2,159,204	2,451,632
㉙	総付加価値	2,508,840	2,817,868	3,157,104
㉚	消費財需給差	▲ 10,764	18,940	3,436
㉛	消費財需給差累積	▲ 122,320	▲ 3,380	100,056
㉜	福祉国債発行	100,000	100,000	
㉝	差引消費財需給差累計	▲ 22,320	96,620	100,056
㉞	設備投資額	619,920	658,664	705,472
㉟	減耗留保：減価償却	232,962	210,983	186,607
㊱	留保㉙－㉖	630,684	639,724	702,036
㊲	剰余㊱－㉟	397,722	428,741	515,429
㊳	剰余残高	2,804,487	3,121,049	3,511,636
㊴	税金　前年㊱×4%	100,282	112,179	124,842
㊵	差引国債残高	226,805	214,626	89,784

［表８－4①］ 選択Ⅲ-2：国債と福祉給付（〜２年目）

S：「マミコ女王選択Ⅲ－2の7〜10年目の表を、［表８－4②］
として作りました。㉔窯造り親方数は、年 10%増としましたが、
9年目には、需給差改善投資額の窯造り親方数のほうが小さくな
りましたので、その数値を使いました。」

G：「㉓需給差改善・維持投資額の行は、9 年目には需給差改善投資額を採用し、福祉給付によって㉞差引消費財需給差累積がプラスになった 9 年目の翌年の 10 年目からは、需給差維持投資額でいいことになる。」

S：「[表 8－4 ①、②]の、福祉給付＝福祉国債発行㉜の行をみれば、マミコ女王 1 年目から 9 年目までの 9 年間、福祉給付として、かわらけを女王が買い上げ国民に配った各年 100,000 円の国債発行の履歴が並んでいます。」

G：「福祉給付は、9 年間続ける必要があったため、国債の発行は 9 年間で、900,000 円になった。しかし、親方の剰余預金に 4%の税金を課し、その税金で国債の償還を行うことで、㊵差引国債残高は 11 年目にはマイナスになった。」

S：「11 年目に㊵差引国債残高がマイナスになっているということは、女王が中央銀行にお金を貸していることになり、必要ならばいつでも福祉給付として使うことができます。」

G：「税収をどこに求めるかという点では、労働者の賃金から、徴収するという手段もあるが、それでは消費需要が少なくなる。」

S：「税収は、親方の蓄積された剰余残高の預金に対して課税するという方法が、一番効果があるということになりますね。」

G：「㊳剰余残高も、剰余残高に対する税金：剰余残高税を課したために、翌年に繰越すとき減少することになる。」

S：「福祉給付という消費が発生する以前の㉛消費財需給差累積（＝在庫）は、表に見られるように赤字が続いていたのですが、福祉国債のおかげで、㉝差引消費財需給差累積の行に見られるように黒字になりました、好況状態になったということです。

		マミコ女王選択Ⅲ－3		
		8年目	9年目	10年目
㉑	かわらけ親方数	1,749	1,921	2,099
㉒	需給差改善投資額	778,381	673,944	529,396
㉒	需給差維持投資額	629,640	644,957	651,700
㉒	需給差改善・維持投資額	778,381	673,944	651,700
㉓	需給差改善・維持窯造り親方数	361	300	279
㉔	+10%増窯造り親方	282	310	322
㉔	窯造り親方数 ㉓or㉔の小さい方	282	300	279
㉕	労働者数	9,292	10,028	10,812
㉗	賃金	1,878,156	2,178,144	2,455,068
㉖	労働分配率	74.9%	77.3%	77.8%
㉘	消費財付加価値	1,888,920	2,159,204	2,451,632
㉙	総付加価値	2,508,840	2,817,868	3,157,104
㉚	消費財需給差	−10,764	18,940	3,436
㉛	消費財需給差累積	−122,320	−3,380	100,056
㉜	福祉国債発行	100,000	100,000	
㉝	差引消費財需給差累計	−22,320	96,620	100,056
㉞	設備投資額	619,920	658,664	705,472
㉟	減耗留保：減価償却	232,962	210,983	186,607
㊱	留保㉙−㉖	630,684	639,724	702,036
㊲	剰余㊱−㉟	397,722	428,741	515,429
㊳	剰余残高	2,804,487	3,121,049	3,511,636
㊴	税金　前年㊱×4%	100,282	112,179	124,842
㊵	差引国債残高	226,805	214,626	89,784

［表8－4②］選択Ⅲ-2：国債と福祉給付（8～10年目）

G：「福祉給付という国による公的消費のおかげで、どうにも対処ができなかった不況状態を好況状態に変えることができたわけだ、そしてそれを支えるのが税金だということになる。」

S：「**国債で消費財需給差を改善**して、投資をすすめるという政策で、**どうにもならないような不況を解決する方法も**あるのですね。」

G：「そのような不況にならない前に、早めに**労働分配率アップ**という選択Ⅱの経済政策をとれば、問題は起こらなかったということもよく頭に入れておかなければならない。」

S：「選択Ⅲ－２の場合でも、10年かけて労働分配率を上げたから消費財需給差が改善できたのです。」

G：「どのような場合でも、労働分配率を上げなければ、不況は克服できない。それを早くやれば、国債もいらないが、労働分配率のアップが遅れると、国債と税金という方法が必要になってくるということだ。このことを、かわらけ王国の女王の時代の教訓として、この章を終わりにしよう。」

第9章　まとめ

第9−1節　経済原理のまとめ

G：「ここで、いままで学んできた経済原理を総括してみよう。」

＜経済の基本原理＞

消費財需給差 ＝ 消費需要− 消費財付加価値 ＞0
であれば好況傾向となり、消費財需給差＜0であれば不況傾向
になる。

消費財需給差累積＞0で好況状態となり、消費財需給差累積＜0
で不況状態になる。

S：「これが経済の基本原理です。第2−3節で考察しました。」

＜労働分配率の原理＞

> 労働分配率 －消費財生産割合 ＞ ０　ならば、好況傾向
>
> 労働分配率 －消費財生産割合 ＞ ０ であれば、不況傾向

になる。

G：「これが、労働分配率の原理で、これも第２－３節で考察した。」

＜遊休剰余発生の原理＞

> 留保 ＝ 総付加価値－賃金
>
> 　：総付加価値のうち賃金に配られなかった部分
>
> 剰余 ＝ 留保－減耗留保（減価償却相当）
>
> 新規設備投資額 ＝ 設備投資額 － 減耗留保
>
> 遊休剰余発生額 ＝ 剰余－新規設備投資額
>
> 信用投資 ＝ 新規設備投資額－剰余 ＝ △遊休剰余発生額
>
> と定義したとき、遊休剰余発生額＜０（信用投資 ＞0）ならば
> 好況傾向となり、遊休剰余発生額＞0（信用投資＜0）ならば
> 不況傾向になる。

S：「これが**遊休剰余発生の原理**です。」

G：「遊休剰余発生の原理は、労働分配率と表裏の関係にある原理だ。」

S：「その表裏の関係を、まとめて表現しました。」

労働分配率・遊休剰余発生の原理

遊休剰余発生額 ＝ 剰余－新規設備投資額 ＞0 が成り立つとき、つまり
労働分配率－消費財生産割合 ＝ 消費財需給差 ＜0 が成り立つとき、不況傾向がうまれる。

G：「これが、女王の時代の労働分配率・遊休剰余発生の原理ということになる。言い換えれば、**剰余が新規設備投資額以上になれば、労働分配率は消費財生産割合を下回り、不況傾向になる**ということだ。」

＜遊休剰余残高の原理＞

信用投資残高＝消費財需給差累積＞0

（つまり遊休剰余残高＜0）

　　になるとき、が好況状態である。

遊休剰余残高＞0

（つまり信用投資残高＜0、つまり消費財需給差累積＜0）

　　になるとき、が不況状態である。

S：「これが、遊休剰余残高の原理で、以上を第 5 章で考察しました。」

G：「それから消費財生産割合回帰の原理だ。」

＜消費財生産割合回帰の原理＞

労働分配率の右辺の、消費財生産割合は、設備投資によって一旦下がるが、年数が経過すると上昇し元へ戻ろうとする。

S：「これが消費財生産割合回帰の原理です。第 2－4節と第 3－2節とで考察しました。」

G：「労働分配率が変動しないという条件で考える場合、追加の設備投資をすれば、消費財比率は下がるわけで好況傾向を作ることが出来るが、**設備投資額を増やして消費財比率を一旦下げても、その効果は一時的なもので、持続することはなく**、消費財生産割合は元に戻るから、好況傾向を継続的に維持することは難しい。」

S：「それが、消費財生産割合回帰の原理として、第2-4節に定義した原理です。」

G：「信用投資にも、よく似た回帰現象が起き、信用投資を増やし好況を続けようとしても、信用投資は低下してしまう現象が起きることは、第5-1節のホミコ女王の時代にみた。この信用投資低下の原理は、消費財生産割合回帰の原理と裏腹の関係だ。この現象は、第6章女王マミコの選択Ⅰで、如実に表れ、設備投資を無茶苦茶に増大しない限り、信用投資＞0（好況傾向）は維持できなかった。」

S：「以上が、本書の経済原理のまとめです。経済のもっとも簡単なモデルを作り、そのシュミレーションから導き出した経済原理ですが、消費財が売れなくなるという現象、つまり不況が発生する原因が、明確に浮き出されたといえます。」

G：「労働分配率を上げることが、不況回避のためには何よりも重要なことだということ、設備投資の拡大だけでは、好況は維持できないということが、確認できた。」

第9-2節　女王の経済政策のまとめ

S：「ここまでの、かわらけ王国で経験した経済政策をまとめてみましょう。」

G：「**ヒミコ女王時代**の経済は、親方に儲け（：剰余）がない経済で、需要と供給は均衡し続ける経済で何も問題のない経済だった。ただ一つの問題は、成長のない経済だったということだ。」

S：「それに飽き足らず、**フミコ女王**は、設備投資額を増やし、10 年間、経済は成長しましたが、増やした投資額が一定だったために、10 年たつと、ヒミコ女王の時代と同じように、需給が一致して成長のない経済に戻ってしまいました。」

G：「それを引き継いだ**ヘミコ女王**は、**親方に剰余が生まれる**という経済にし、**設備投資額を毎年増やす定額逓増投資**をすることにした。」

S：「ヘミコ女王の経済では、3 年目から、需要が供給を上回る好況が生まれましたが、8 年目から供給が需要を上回る不況傾向が始まり、12 年目には在庫が発生する不況状態になってしまいました。」

G：「**ヘミコ女王**の時代は、[図3-7]に見られるように、5 年目までは、逓増投資により消費財生産割合は一旦下がっていったのだが、**消費財生産割合回帰の原理**で5 年目で反転上昇し、8 年目以降に労働分配率を追い越すことになり、不況傾向になってしまった。」

S：「後を受けた**ホミコ女王**は、さらに親方の剰余を増やし、つまり労働分配率を下げ、同時に**設備投資額の増加を飛躍的に増や**しました。」

G：「**最初の６年間は設備投資増強の結果、好況になった**が、[図４－６]に見られるように、消費財生産割合は一旦下がったものの、**消費財生産割合反転の原理**で３年目で反転上昇に転じた。」

S：「一方で、生産性を上げていきましたから、毎年労働分配率は下がっていきました。」

G：「消費財生産割合は労働分配率を６年目以降に追い越すことになり、７年目から不況傾向に転じた。そして、回復ができなくなり、大きな在庫を抱える不況状態に陥ってしまった。」

S：「そして、この深刻な不況状態を解決する方法を、３つ考察しました。１つ目は、**マミコ女王**の**経済政策選択Ⅰ**として、さらなる設備投資の増強をシミュレーションしましたが、労働人口の急増が必要になるという限界で行き詰りました。」

G：「失敗した選択Ⅰに代えて、**選択Ⅱ**として労働分配率の増加策を考えてシミュレーションし、完璧な対策ができた。」

S：「選択Ⅱの労働分配率アップの政策は成功したのですが、漸進的に労働分配率を上げるという方法で、行き詰まった不況に対応する方法はないかと考えました。」

G：「それが**漸進的現実的政策の選択Ⅲ**だ。」

S：「選択Ⅲでは９年かかって消費財収支差の改善はできたのですが、消費財収支差累積を黒字にすることはできませんでした。

そこで福祉給付という公的消費需要を作り、その財源として国債発行する方策を**選択Ⅲ－２**のシミュレーションとして検討してみました。」

G：「国債を発行して経済を支えるという選択Ⅲ－２のシミュレーションは成功した。」

S：「この政策では、親方の剰余の預金残高に対する税金により国債の償還をし、ゼロ以下にすることもできました。」

G：「かわらけ王国という、おとぎ話の国のモデル経済は貴重なヒントを与えてくれた。労働分配率を上げることが、不況回避のためには何よりも重要なことだということが、設備投資の拡大だけでは、好況は維持できなかったということで、確認できた。」

S：「しかし、女王の王国なので、かわらけの供給がある場合は賃金も貯金もすべて使い果たす、という前提で、経済は展開しています。消費性向は 100％という仮定です。」

G：「資本主義経済では、消費性向は 100％ではない。本書で、労働分配率とした指標は、労働分配率×消費性向、で置き換える必要がある。そして、さらに消費性向も、（1－個人投資性向）に置き換えて考え、個人投資性向（＝個人貯蓄投資性向）を抑えることが、不況対策には必要だということに、考察を広げなければならないだろう。」

S：「金融資本主義経済では、株式証券投資が、ギャンブル化し、大衆の投資性向を引上げ、その結果として個人消費性向が抑えられてしまっているということについても、見ていく必要があります。」

G：「不況克服の経済政策として、株式証券投資への規制が必要とされている。」

S：「国債については女王の王国の経済でも若干は考察しましたが、資本主義経済を考えるときは、税金とそれによって生まれる財政支出とそこから生まれる消費需要が、国債とともに重要な要因になってきます。」

G：「それ以外にも、海外との取引も考える必要がある。現代資本主義経済についての考察は、新経済学シリーズ No.2 以下に、展開する必要がある。」

あとがき

　新経済学シリーズ No.1 として書かれた、本書「ヒミコの国の経済学」は、既出版の「わかりやすい経済の基礎理論から経済政策へ」（アマゾン通販で図書販売。Amazon kindle で電子書籍版）の第Ⅰ部〜第Ⅳ部の内の第Ⅰ部を書き直し、わかりやすい図解に変え、読みやすく、手頃のページ仕立てにしたものです。

　太字の部分と図表だけを、読み飛ばしても、ポイントは理解していただけるように工夫したつもりです。

　「わかりやすい経済の基礎理論から経済政策へ」を若干紹介します。この第Ⅱ部は、資本主義経済の構造を、税金、国債、貿易をも含め、消費性向を考えたものとして表しました。本書（第Ⅰ部）女王の経済構造を、資本主義の現実に近づけたものです。そして金融資本主義経済の構造、個人投資性向と消費性向まで、考察しました。

　第Ⅲ部は、好不況の発生構造のシミュレーションを行いました。第Ⅱ部までの理論に基づき展開したならば、好不況がサイクル的に起こることを、シミュレーションで実現しました。そして、その結果が現代の日本経済で再現されていることを、現実の経済統計データーにより検証しました。

そして、第Ⅳ部で、経済政策の考察と提言をしています。労働分配率を適正な水準にまで引き上げ、消費性向を引き上げることで、資本主義経済は生き生きとよみがえります。

　労働分配率を引き上げる労働分配率税等の政策や、消費性向を引き上げるための個人投資抑制策を提案しています。個人投資抑制策として、将来的な生活不安等による高い貯蓄性向を下げるための貯蓄国債の制度を提案しています。貯蓄国債は、無利息で引出し限度額も低く抑えているので生活費にしか使えませんが、相続税・贈与税を不課税にして普及を図ります、投資に使われない分配となります。消費性向を上げるためにベーシックインカム制度や、個人の有価証券売買の抑制策も提案しています。

　この経済政策で、資本主義は人々に豊かな生活を保証する経済へと修正され、明るい未来が生まれます。

　必要なのは、一人一人が、不況の闇の元凶を確認し、それを変える政策を提起し支持することです。国民の合意が、どうしても必要になります。

　本書は、「わかりやすい経済の基礎理論から経済政策へ」の導入部でもありますが、その基本部分でもあります。本書を気に入って頂けて、現代資本主義経済ではどうなっているのだろうか、現代経済の不況に対応する経済政策はあるのだろうか、という課題に興味を持っていただき、「わかりやすい経済の基礎理論から経済政策へ」をお読みいただければ、と思っています。

2021 年 10 月

【著者紹介】

五藤榮一（ごとう・えいいち）

生年月日　1939年3月4日

最終学歴　京都大学1964年卒業

職業　　　税理士

連絡先　　E-mail：goto2@mx36.tiki.ne.jp

新経済学シリーズNo.1

ヒミコの国の経済学

| 2023年10月31日発行 | 著　者 | 五藤榮一 |
| | 発行者 | 向田翔一 |

発行所　　株式会社22世紀アート
　　　　　〒103-0007
　　　　　東京都中央区日本橋浜町3-23-1-5F
　　　　　電話　03-5941-9774
　　　　　Email: info@22art.net　ホームページ：www.22art.net

発売元　　株式会社日興企画
　　　　　〒104-0032
　　　　　東京都中央区八丁堀4-11-10 第2SSビル6F
　　　　　電話　03-6262-8127
　　　　　Email: support@nikko-kikaku.com
　　　　　ホームページ：https://nikko-kikaku.com/

印刷
製本　　　株式会社PUBFUN

ISBN：978-4-88877-265-5